Y GWYDDEL ~

O GEREDIGION I GALWAY

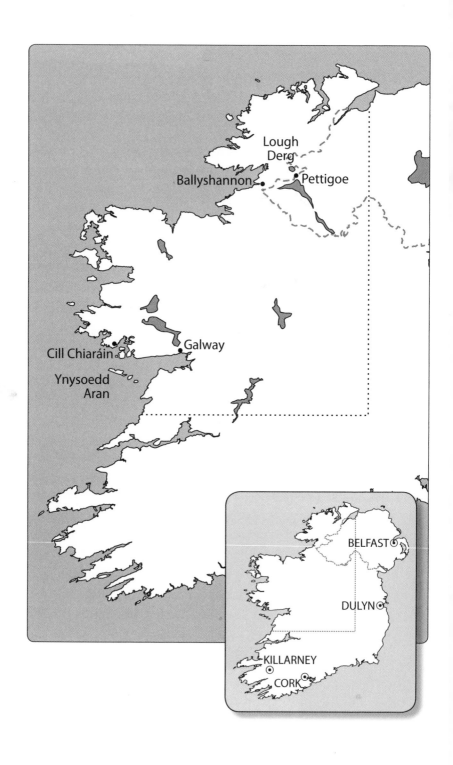

# Y Gwyddel

## O GEREDIGION I GALWAY

Diarmuid Johnson

Gomer

Cyhoeddwyd yn 2011 gan
Wasg Gomer, Llandysul, Ceredigion SA44 4JL

ISBN 978 1 84851 084 5

Dymuna'r cyhoeddwyr gydnabod cymorth
Cyngor Llyfrau Cymru.


Argraffwyd a rhwymwyd yng Nghymru gan
Wasg Gomer, Llandysul, Ceredigion

Cyflwynaf y gyfrol hon
i'm mam, Llinos

Diolchaf i'm hannwyl wraig,
Amanda, am ei chefnogaeth

Mae DIARMUID JOHNSON yn llenor, yn ieithydd ac yn gerddor. Mae ei waith yn cynnwys cyfieithiad i'r Ffrangeg o ddetholiad o gerddi Dafydd ap Gwilym (1993), llawlyfr cyfrifiadureg sef *Defnyddio Agored* (2006), a sawl cyfrol o farddoniaeth gan gynnwys *Súil Saoir* (2004), yn y Wyddeleg, ac *Another Language* (2009). Ar ôl treulio tair blynedd yn darlithio yng Ngwlad Pwyl ac yn chwarae mewn band roc gwerin yno, fe ddychwelodd i Gymru yn 2011. Mae'n gweithio bellach ym myd cyhoeddi ac yn rhoi'r European Academy of Modern Celtic Languages and Culture ar waith.

Gweler www.diarmuidjohnson.net

# Cynnwys

# Rhagair

Ces fy ngeni yng Nghaerdydd, a symud oddi yno'n dair oed i'r Ynys Werdd. Dyna ble y bûm wedyn am dros ugain mlynedd nes treulio saith mlynedd yn Llydaw ac yn yr Almaen, ac, yn y pen draw, dod yn ôl i Gymru. Yn Iwerddon y ces i fy addysg felly, a threulio blynyddau fy mebyd a'm llencyndod yno. Fe'm magwyd yn Wyddel ond, eto i gyd, bu Cymro'n llechu yn achau'r Gwyddel hwn erioed. A'i ddatgelu ei hun wnaeth y Cymro wrth i amser fynd heibio. Yn y gyfrol hon cewch ddarllen am fagwraeth y Cymro yn Wyddel, ac am ddadeni'r Cymro yn y man. Ar hyd y daith, fe welwch ddarlun gwreiddiol o fywyd a chymdeithas Iwerddon o'r saithdegau hyd at y nawdegau. Nid codi cwr y llen ar wlad arall y mae'r llyfr hwn felly, ond ei dinoethi, ei chanmol, ei cheryddu bob yn ail, a'i dadansoddi'n ddiramant ac yn ffraeth. Ac er mor droellog y ffordd, arwain yn ôl i Gymru y mae, a pheri inni ailystyried ein hagwedd tuag at yr Ynys Werdd a gofyn inni ailystyried yr hyn yw Cymru yn y pen draw hefyd.

# Prolog

Mewn tref wyntog, wleb ar lannau'r Corrib yn Iwerddon, ger y cefnfor, y ces i fy magu. Yno y bûm yn Gymro alltud, yn Gardi oddi cartre, yn Wyddel bach, yn drafaeliwr ar ei brifiant, yn ieithydd rhonc, yn gerddor ac yn glust i gyd, yn gariad i... smo fi'n cofio pwy, yn fardd talcen slip eisiau bod yn wreiddiol, eisiau ei lun yn y papur, yn frawd bodlon, yn fab afradlon... Dewch gyda fi i fy nghynefin.

Hen dref fasnachol yw Galway. Saif mewn culfor teg ar lannau afon Corrib, lle mae'r dŵr hallt a'r dŵr croyw'n cydgymysgu yn fwrlwm mawr o dan drwynau'r siopwyr parchus, y plismyn parod, y gwragedd coffi un ar ddeg, a'r beirdd cnoi-pen-pensil hwyrfrydig. Hen aber yw Galway, lle bu hwylbrenni'n gwichian a rhaffau'n caledu, morwyr yn mordwyo erioed a masnachwyr yn poeri, gan wlychu eu pigau main mewn gwydrau dwfn sawrus ymhell cyn iddi nosi.

Tref wyntog yw tref Galway. Hen wynt malu ymbaréls a chodi sgert a phais. Gwynt gwthio'i drwyn o dan ddrws yr esgob ac yntau ar hanner ei weddi a'i saws afalau. Gwynt digywilydd, uchel ei gloch yn rhuo yn ei ddiod wedi hanner nos, a chwibanu yn iach fel postmon ben bore. Tref y gwynt yw hi, a thref y glaw. Glaw Galway yw'r glaw gwlypa yn y byd. Ofer ei herio. Fe ddaw yn ddiferion mawr boliog prudd. Yn gawodydd cas. Yn law mân tragwyddol. Yn law clatsh. Yn hen annwyd blin o biglaw treiddgar. Yn smwc trist. Fe ddaw'r glaw ar ei newydd wedd bob dydd. Llanw a thrai, bwrlwm yr afon, llais y gwynt, a thitrwm tatrwm y glaw. Croeso i Galway.

Ond ambell waith, pan fydd yr haf yn llond ei groen a'r awel yn maddau ei bechod i'r byd... ambell waith, bydd yr awyr yn bwrw ei chôt lwyd ymaith, ac yn peintio'i hun yn las. Ac ambell waith, bydd fel Gwlad Groeg ar gei ein dinas ni. Y merched

yn gwenu yn win i gyd, a'u gwallt toreithiog, cneugoch yn
farddoniaeth lesmeiriol. A bydd yr heli yn tynnu'i fenig gwynion
am y dydd. A dyna rhyw bâr ifanc ffôl yn y tonnau, yn cusanu ei
gilydd yn freichiau i gyd, yn lapswchan yn wlyb diferu; a'r elyrch
yn gant ac un o ddelwau marmor yn y llif, fel syniad artist yn ei
anterth. A theimlaf y palmant yn cynhesu, ac oglau gwymon yn
yr aer, a rhyw foi o Awstralia'n canu 'I've been a wild rover for
many's the year,' a chlic-clac camerâu y twristiaid gwybodus yn
gyfeiliant teilwng iddo.

Yn nhref Galway, mae fy nghysgod ar wyneb y dŵr o dan y
pedair pont, lan stâr yn y siopau llyfrau ail-law sydd wedi hen
gau, ac ar y meysydd rygbi yn South Park lle yr ofnwn foddi
yn y pyllau llaid ar waelod twmpath o sgrym. Bu Galway yn
gartref imi; ei pherllannau a'i chuddfannau, ei chilfachau a'i
gweirgloddiau, ei harbwr mawr masnachol a'i chamlas segur
ddidrafnidiaeth. Buttermilk Lane, Sherwood Avenue, y Small
Crane a Nuns Island yn lonydd cefn igam-ogam; Prospect Hill a
College Road yn *boulevards* penagored, unionserth yr ochr draw
i Eyre Square a'i golomennod brith di-glem. Yr orsaf ddau drac
yn aeafol a di-wres; a'r Great Southern Hotel chwe llawr yn ei
rhodres nawddoglyd, y drws nesaf i'r hostel ieuenctid. Bu Galway
yn gartref imi, yn feithrinfa, yn gampfa, yn ganolbwynt y byd.
Felly dewch gyda fi, dewch gyda fi am dro i Galway...

Dewch i weld y Tad Reilly yn ei wely offeiriadol. Breuddwydio
am angel y mae...yn smwddio ei hadenydd ers naw mis, yn
chwyrnu fel soddgrwth. A Griffiths y Bara wedyn. Fe godai
ganol nos gydol ei oes i bwnio toes i'r gwragedd tŷ cynnil cyn
gwerthu'r siop am ddeng miliwn ewro medden nhw, ac ymddeol
ar ben ei ddigon – chwarae teg iddo. Dewch i weld y dillad yn
sychu ar lwyn drain ger arhosfa'r tinceriaid tanbaid a'u plantos
anllythrennog, annwyl. A'r samwn diarhebol yn gwau pwythau
arian yn y dŵr bas, gwyrddlas o dan y gored chwyrn. A'r cathod
carcus yn Kirwan's Lane yn cnoi esgyrn mân y meryll y tu
ôl i siop bysgod McDonaghs am hanner awr wedi tri y bore a

hithau fel y bedd o Salthill, i fyny Griffin Road, i Eyre Square, i Bohermore, i Moneennagisha, i Renmore ac i Merlin Park ar y ffin â Mongolia.

Dewch i gwrdd â Thornton y barbwr, Henry Street. Maint bocs matshys yw siop Seán, ac elfennol iawn yw ei offer: brwsh, siswrn a lledr hogi rasel yn hongian ger y drych smotiog. Codi'r bleinds mae Seán a brycholau'r dydd yn taro'r posteri o'r oes a fu: bocsiwrs trwynau a chlustiau cabaets, a phwt o'r papur lleol yn dathlu rhyw jiwbilî. Erbyn deg, fe fydd y llafn o farbwr hyd at ei bigyrnau yng ngwalltach llwyd ei gwsmeriaid oedrannus, araf, sy'n talu punt yr un iddo.

Dewch i bipo trwy dwll y clo ar Sister Concepta yn y Magdalene Laundries. Y hi sy'n rhedeg yr olchfa bechodau ar gyrion y dref, y hi sy'n dod â'r merched at eu coed. Mae Sister Concepta ar ei thraed ers pump. Cerdded y mae yn fân ac yn fuan ar hyd coridorau'r carchar cosbi caru. Cerdded yn ffroenuchel a'i chalon fach mor oer ag ŵy pengwyn. Cerdded i'r pandy i wylio'r caethforynion yn cannu dillad isaf y Tad Reilly. Cerdded yn ôl i'w swyddfa ddi-lyfr gan gloi pum drws ar ei hôl, meddwl am ymweliad yr esgob, a chraffu ar y cyfrifon.

Dewch i glywed yr hen iaith fu farw ac ailfarw, hen iaith eto na fyn fyth ddarfod. Iaith y tywysogion telyngar a'u beirdd teulu ers llawer dydd. Iaith y werin aflan, boeth. Iaith y gwas sifil twt iawn yn byseddu ei dei (a'i siec fisol). Iaith y dysgwyr digamdreiglad. Iaith y darlledwyr dibrofiad yn baglu dros y geiriau mawr newydd. Iaith astrus. Iaith amhosib ei dofi heb ei phriodi. Iaith heb eiriadur, heb siaradwyr.

Dewch i glywed y ffidlwr barfog a'i fysedd yn fêl ac yn ganu grwndi fel gwenyn ar y grug. Codi o'r pridd y mae'i awen. Araf bydru y mae'i berfedd. Araf felynu y mae ei afu wedi whilbered arall o'r facsen ddu. Ond tynnu gwaed o'r gwynt y mae bob nos yn y Crane Bar â blaen ei fwa chwim.

A dyma'r hen Biddy Ward yn canlyn ei neges blygeiniol heb dorri gair â neb. Morfran o ddynes yw hi, a'i hadenydd ar led i warchod ei thylwyth lluosog. Byw heb aelwyd fu'i thynged a'i ffawd. Byw ar gildwrn y byd. Mae hanes teulu Adda yn y rhychau ar ei thalcen ac ar ei grudd. Ai mynd â moddion at ei merch y mae yng nglesni'r dydd, neu ffisig at hen beswch i'r baban blwydd oed? Mae ei siôl wlân ddu yn dynn am ei gwegil, a'i sgertiau helaeth yn siffrwd fel siafins o gwmpas ei thraed.

'When I came to Galway, it really was the end of the line,' meddai Mrs Kilbane, gwraig y doctor. Saesnes rhonc yw hi, y rhoncaf yn y plwyf. Mae'n gwisgo colur ac yn gyrru *ail* gar, yn byw mewn tŷ pum stafell molchi gwerth hanner miliwn o bunnau ar Threadneedle Road. 'The end of the line': gwir y gair. Tref fechan tair taten, tref hamddenol fel pwys o sosejys oedd Galway yn 1968. Tref fechan y farchnad bysgod a dyfodd ymhen dim yn grochan o ddinas ferw, swnllyd. Pentref Llanbadarn o fach wedi mynd yn Aberystwyth o fawr dros nos. Tref Aberystwyth o fach wedi tyfu'n Abertawe o le.

Erbyn hyn, mae'r Tad Reilly wedi codi. Polisho'i sgidiau mae e, a rhoi peth lliw ar ei wallt tra'i fod wrthi. Mae'r siopwyr hwythau ar eu traed a'r allweddi'n clincan yn sionc yn eu pocedi. Yfed te yn ddigolur a disgwyl am y postmon bach iach y mae'r gwragedd coffi un ar ddeg. Mae'r plismyn yn barod am ddiwrnod gwyntog, cymwynasgar arall rhwng y cawodydd cellweirus. Am y beirdd cnoi-pen-pensil – igian chwyrnu maen nhw a llond gwely o benillion ar eu hanner yn chwyrligwgan yn eu pennau. Cysgu fel cledrau rheilffordd mae'r ffidlwr melyn, ei afu bach yn afiach grebachu, ond ei fysedd serch hynny yn tip-tap chwarae 'Lady Ann Montgomery' ar bren erchwyn y gwely. A chrechfewsan y mae'r cathod craff, cyn sleifio i ben to i wylio adfywiad y dref fechan ger y lli.

Toc daw P.J. a'i geffyl gwargrwm a'i gart pren whîls-lorri-laeth. Hel hen offer a dodrefn a pheiriannau sbâr y bydd P.J., eu prynu am ddimai a'u hailwerthu am geiniog. Tedi boi yw P.J. – ei wallt taclus ôl-crib-drosto yn facwn ac wyau o seimllyd, ei fonyn sigarét mor fach â phig titw tomos las, a'i gamre pwyllog yn gamre gŵr o'r wlad. Un gôt sydd gan P.J. Un pâr o sgidiau. Ac un dymuniad, cael byw heb bechu neb.

Tebyg iawn yw Mr Newell, dyn trwsio beics heb ei ail, sy'n byw a bod mewn ogof o siop ar bwys yr ysgol heb le i chwipio chwannen. Pryd tywyll yw ef, neu efallai mai'r olew beunyddiol ar ei fysedd cyhyrog cryf sydd wedi bod yn graddol iro ei aeliau, wrth iddo sychu'i dalcen â chefn ei law dro ar ôl tro am ddeugain mlynedd namyn un. Gŵyr Mr Newell hanes pob sgriw fu yn ei siop erioed ac fe ŵyr sawl dolen sydd yn tshaen y Raleigh 1963 a sawl gwaith mae whîls beic bach yn gorfod troi cyn bod eisiau teiars newydd.

P.J. a Mr Newell, pâr go debyg. Ond does neb tebyg i Mrs Taaffe. Y hi sydd berchen ar y siop futraf yn y stryd fawr a'r un futraf yr ochr hon i afon Shannon mae'n debyg. Ac mae hynny'n ddweud mawr, oherwydd nid siop fwtshwr, na lladd-dy, na siop y ffarm a'r wlad, na thafarn pysgotwyr mohoni, ond siop ddillad. Mewn adeilad go fawr yng nghanol Shop Street y mae siop ddillad Mrs Taaffe. Dim ond siwmperi gwlân trwchus mae hi yn eu gwerthu.

Siop helaeth iawn yw'r siop. Ar ben pileri hwnt ac acw ar y llawr mae siwmperi'n gorwedd yn eu plyg. Mae'r olygfa'n debyg i arddangosfa celfyddyd fodern: deuddeg pulpud a siwmperi lliw gwahanol i'w gilydd ar bob un. Ond mae deuddeg pulpud a deuddeg siwmper wlân drwchus draddodiadol Wyddelig Mrs Taaffe yn rhagori ar gelfyddyd, oherwydd wrth droed pob pulpud mae ci yn hepian cysgu. Cŵn digartref yw cŵn Mrs Taaffe: cŵn digon salw yr olwg, cŵn blêr, cŵn blin, cŵn sy'n Afallon i chwain y sir, cŵn sy'n drewi fel buddai gorddi; a'r siop gyfan yn drewi nes bod pobol y dref wedi arfer croesi'r stryd wrth basio'r drws.

A dyna yw teyrnas Mrs Taaffe fu'n ddynes urddasol, olygus yn ei dydd, medden nhw. Telyn deires o ferch, slashen dal, ond daeth tro ar fyd. Mae'n mynd allan bellach yn nhraed ei sanau, heb ddim teits, a'r byd yn dyst i'r gwythiennau trwch cortyn beindar sydd wedi chwyddo'n goch ar draws ei choesau, gyda rhai o'r cŵn ffyddlon yn ei dilyn wrth ei sodlau, a'r chwain yn eu dilyn hwythau. Ac ar ddiwrnod bach llwydaidd, nodweddiadol Wyddelig, gwelir ceg Mrs Taaffe yn dod cyn gweld y gweddill ohoni, oherwydd mae'n iro ei gwefusau'n haelionus braidd â'r lipstic cochaf yn y byd.

Yn ogystal â'r cŵn, y lipstic llachar fel goleudy ar ddrycin, y gwythiennau cortyn-beindar-o-drwchus a'r siwmperi pob lliw dan haul, mae teyrnas Mrs Taaffe yn fan cwrdd i feddwon y dref. Creaduriaid canol oed yw'r *winos* rhan fwyaf, bois digartre sy'n yfed y ddiod gadarn ar ei thalcen a surwin afiach i gadw'r oerfel a'r annwyd draw. Bois sy'n cysgu ym môn clawdd, neu ym mhorth y banc, gan obeithio cwrdd â'r rheolwr ben bore, neu o dan un o'r pedair pont dros afon Corrib; bois coesau bach robin goch a bol fel tas wair. A daw'r defaid coll hyn, y meibion afradlon, y meirw byw, at Mrs Taaffe, a rhannu'r siop â'r deuddeg pulpud ac â'r deuddeg ci, a chyfrannu'n gyfartal at y drewdod cyffredinol.

Iachach lle o'r hanner yw siop a thafarn Mrs Taylor a'i mab Mick. Dynes weddus, gydwybodol yw hi. Siop sydd wedi graddol droi'n dafarn yw tŷ Taylor. Y cownter siop gwreiddiol sydd yn y ffrynt gyda'r darn canol ychydig yn is na'r gweddill i hwyluso gosod nwyddau arno heb orfod eu codi'n rhy uchel os bydd y cwsmer bach yn fyr ei anadl neu ar faglau. Yn y pen draw, ceir peiriant torri tafellau er nad oes ham wedi ei werthu yma ers talwm iawn, ac mae drws heb fwlyn yn arwain yn ddiarwydd i'r stafell gefn, glyd. Yn honno mae'r pentan bach llosgi glo gwlad Pŵyl, a dyna ble gall y teithiwr lluddedig dorri syched heb i'r byd ei weld yn ei wendid trwy'r ffenest flaen. Cynhelir gweithdai ysgrifennu creadigol yn nhafarn Taylors. Coch yw lliw'r inc. Lan llofft mae'r Sandanistiaid yn cwrdd. Lawr stâr yn y cefn y caiff y cerddorion groeso...Ond croeso llugoer braidd, oherwydd cyn dyfodiad y dorf i glecio peintiau wedi newyddion naw, man di-stŵr a myfyrgar yw'r dafarn hon i fod.

Nosi y mae yn Galway; nosi o gwmpas afon Corrib; nosi am y culfor teg lle mae'r hallt a'r croyw'n cydgymysgu'n fwrlwm mawr gan lanw a thrai o dan drwynau'r siopwyr, y plismyn a'r beirdd. Mae'r hwylbrenni'n gwichian, mae cloch yr eglwys yn diasbedain ar draws y toeau mud a'r dref yn distewi fel seindorf ufudd i ddweud ei phader am chwech o'r gloch ar ei ben. Wedyn, caiff y gweddiwyr oll gladdu plataid o ffa pob a thost a bacwn hallt blas gwymon Collerans a brynwyd yn siop y cigydd pryd coch.

A daw'r drudwy – adar yr eira – yn haid ddu ac yn rhyferthwy i'r wybren wargoch uwchben yr aber. Daw'n was digri' ynghyd â'i deulu dirfawr ar derfyn dydd, a disgyn yn glebrannus i'r nythfa yng nghoed Bearna i fwrw'r nos.

Yn Blackrock, mae hi'n chwarter wedi pump, ac mae'r *Polar Bears* yn cyrraedd fesul un Yn eu plith mae'r Dr Seán P. Ó Cuinneagáin yn ei ogoniant bytholwyrdd. Y prifathro sialc-yn-ei-wallt heb ei gansen. Fe ddaw eirth yr haf a'r gaeaf i herio'r dyfroedd iasoer, iachus. Dod tua thref ar gefn ei feic dibechod y mae'r Tad Reilly a chilwena'n foesgar yn y gwyll ar Mrs Fach Pen Lôn. Bwydo'r cŵn a'r chwain y mae Mrs Taaffe cyn cymryd hen gadach o oes yr arth a'r blaidd i dynnu peth o'r lipstic llachar oddi ar ei gwefusau mawr mefus a mafon.

Ac agor y *Galway Advertiser* y mae P.J. yn ei dro, a chraffu â'i lygaid barcud ar y golofn pethau sbâr. Mas y bac, wedi iddo glipglopian dros lawr y gegin, a ffroeni'r ffreipan wrth fynd heibio, mae Dobbin yn hepian cysgu wedi diwrnod dan yr iau a'r wedd. A Mrs Kilbane ar fin cychwyn i noswaith o gerddoriaeth siambr 'Music for Galway'. *Nocturnes* Chopin yw ei ffefryn hi. John O'Connor sy'n chwarae heno – boi bach mor neis, ac am dalent! A gwisgo'i mwclis a'i broetsh y mae Mrs Pum-Stafell-Molchi, a tharo mintsen yn ei phwrs – jyst rhag ofn iddi besychu ar ganol y *pianissimo*. Mae Griffiths y Bara wedi hen gwpla â'r brws cans ac mae'r ffwrn porthi pum mil yn ddi-fflach. Mae plantos annwyl, eofn y tincer trist yn gweld y sêr cyntaf yn chwarae mig yn eithafion y bydysawd.

Mae'n nosi yn Galway; nosi am afon Corrib; nosi am y culfor teg a chlywir cyffro yng ngwâl y bardd pan wêl yntau Fenws yn y nen ac estyn am y thesawrws oddi ar y silff a bwrw ei ben yn erbyn y nenbren *non gratis.* Ni sylwodd neb ar Biddy Ward yn codi o'r pentan yn nhafarn glyd y Quays, ond mae hi wedi mynd, ac ni ŵyr neb i ble. Mae gwydr gwag lle bu'n eistedd a'r soeg yn ei waelod. Daw eto yfory i ymofyn potelaid o'r cwrw du at ei hiechyd a diflannu eilwaith heb siw na miw.

Cau'r bleinds mae Thorton y barbwr a diffodd y bylb noeth yn ei siop ddiaddurn, llawn siarad plaen – diffodd y sêr a brwsio'r cen oddi ar ei ysgwyddau, a dweud yn blaen wrth ei gysgod: 'Them young ones up the town don't know a thing about cuttin' hair, and they charge a fiver for lookin' at ya.'

Ac yn y Magdalene Laundries, mae'r caethion dibechod y dygwyd eu babanod oddi wrthynt er mwyn eu magu gan bobol barchus, ddiwyneb, yn gorffwys wedi'r sgwrio a'r smwddio. Mae eu heneidiau'n glaerwyn, mae'u dwylo bach yn goch, ac mae'u bronnau'n wag. A breuddwydio maent am gael mynd i lan y môr bythefnos i ddydd Sul a gweld y gwylanod tew, dilychwin, yn fach, fach yn yr awyr fry, a theimlo'n benwan eisiau bwyd. Breuddwydio am y dydd y daw brawd neu ewythr yn ôl o Boston neu o Lerpwl i'w rhyddhau.

Mae'r ffidlwr ar ei draed yn Taylors ers hanner awr wedi tri, yn ddewin dileferydd. Mae'i dafod yn dew fel tafod buwch yn ei foch, a'i frêns yn gawl eildwym. Ond mae wedi mwstro, ac erbyn hanner awr wedi deg, diolch i Paddy bach ac i wncwl Arthur Guinness, fe fydd mor effro â milgi ar ei gythlwng, y nodau'n tasgu oddi ar y tannau fel y gwlith a gwennol yn chwarae ar flaen y bwa.

Ac ar noson fach fel hon, heb stŵr yn y byd, dyna Mick Taylor yn llyncu llond potel o dabledi rhyddhau'r enaid, a'i gorffen hi. Ac ŵyr neb pam yn iawn. Ond roedd Mick yn un rhy nobl i'r dwthwn hwn. A gwerthwyd y cyfan yn y man: yr hen siop, y peiriant torri tafellau a'r drws difwlyn, y pentan bach crasboeth chwedlonol a stôl odro'r ffidlwr, y cownter gwreiddiol a gwely'r hen Mrs Taylor. Gwerthu'r dafarn a'i throi'n *Gentleman's Club* gan y maffia. A dyna ble mae merched main meindlws o Rwsia yn ceisio dynion unig nawr, gan syllu beunos trwy'r mwg ar weddillion eu byd, a dawnsio er gwaethaf eu cadwyni; dawnsio'n drist ar fedd gŵr addfwyn.

Nosi y mae yn y dref tair taten saith can mlwydd oed ym mhen draw'r hen gyfandir cyfalafol, ac wrth i'r cyfnos droi'n bridd, mae peth cyffro ger y glannau. Pwffyn o wynt bach smala, hen gwmwl anghymdeithasol yn loetran ar orwel yr hwyrddydd; *wino* yn cardota wrth y bỳs stop, 'Give us a few pence, ma'am, I'll light a candle for yah'; y plismon gwlyb yn llofnodi trwydded bysgota i'w frawd-yng-nghyfraith; y cathod carcus yn dechrau aflonyddu, eisiau llygota, eisiau chwilota, eisiau bod yn llewod yn y wig. A chyn ei throi hi am Naughton's neu'r Quays i wario'i gyfoeth oll, dyna lais crug y *troubadour* o Awstralia yn codi'n falch i ganu cytgan a mawl yn oes oesoedd:

*It's far away I am today from scenes I roamed a boy,*
*and long ago, the hour I know, I once saw Illinois,*
*but time nor tide nor waters wide can wean my heart away,*
*forever true, flies back to you, my own dear Galway Bay.*

# Gwreiddiau

Yn sir Aberteifi mae fy ngwreiddiau Cymreig. Ar ochr Mam-gu, Sarah Elen Jones, ardal Tre'r-ddol rhwng Aberystwyth a Machynlleth yw'r cynefin. Bu cangen o'r teulu yn ffarmio Pant Coch yno am ddwy ganrif yng nghysgod y Foel Goch a Moel y Garn; afon Dyfi yn llanw a thrai ar y naill law, a chors Fochno yn ymestyn hyd at y llanw yn y Borth ac Ynyslas ar y llall. Mae Pantcoch ym mhlwyf Llancynfelyn, cwmwd Genau'r Glyn yn hen gantref Penweddig, ond 'top y sir' mae pawb yn galw'r ardal.

O Dŷ Mawr, Trichrug, ger Talsarn yng nghanol y sir, y daw'r Morganiaid dw i'n perthyn iddynt. John Morgan (1854–1941) a Mary Morgan (*née* Enoch) oedd yn ffarmio Tŷ Mawr, ac un o'u meibion, Dafydd Gof, oedd tad fy nhad-cu John Walter Morgan. Bu Dafydd Gof yn cadw efail yn Aberarth, ym Mwlch-y-llan ac ym Methania ar wahanol adegau. Fe aeth i'r Sowth am sbel i gyffiniau Llanelli, a gweithio yno yn y pyllau glo, gan bedoli'r ceffylau oedd yn gweithio dan ddaear. Rhwng y ddau ryfel, rhoes Dafydd Gof y bedol gyntaf ar Frenin Gwalia, cob go enwog a gipiodd nifer o wobrwyon yng Nghymru ac yn Llundain yn ei ddydd.

Ymadael â sir Aberteifi i wneud bywoliaeth fu hanes Tad-cu yn ei dro hefyd. Dyn codi pac oedd ef. Byddai wedi mynd i Awstralia, ond rhoddodd y syniad hwnnw heibio. Fe aeth â'i briod i Lundain i fyw, a chadw siop yno, a byw yn y gymdeithas Gymreig oedd yn godro ac yn gwerthu llaeth i drigolion y ddinas. Ond adeg y *blitz* yn Llundain, cafodd y siop ei tharo. Roedd fy mam yn blentyn bach ar y pryd. Daeth y teulu yn ôl i Gymru, a sefyll ar y platfform yn waglaw yn stesion Aberystwyth, a wynebu her y byd.

Ffarmio oedd galwedigaeth y teulu, ac ar ôl dychwelyd o Lundain, fe symudon nhw o fuarth i fuarth ac o blwyf i blwyf wrth i'w byd wella. Yng Nghwrt Mawr, Llangeitho, ger Tregaron yng nghanol y sir, y buont fwyaf rhwng diwedd y rhyfel a diwedd y pumdegau, cyn symud i Lwyncelyn, Aberaeron, i redeg swyddfa'r post. Pan oedd fy mam, Llinos yn cael ei magu yn y Cwrt, roedd llyfrgell dda iawn yn y tŷ. Treuliai oriau'n pori trwy'r llyfrau, a chael tipyn o flas ar eu cynnwys. Yn sgil hynny, fe aeth i'r coleg yn Aberystwyth, a gwneud gradd yn y Gymraeg; peth amheuthun i ferch caib a rhaw yn y pumdegau. Roedd hi'n arfer darllen *Canu Llywarch Hen* i fi yn y crud gan fagu fy chwaeth at lenydda ym more oes. 'Ry saif gŵr ar un conyn' meddai'r bardd wrth ddisgrifio oerni gerwin y gaeaf tua'r nawfed ganrif. 'Gallai gŵr sefyll ar un gwelltyn' yw ystyr hynny. Cofiaf y llinell honno bob gaeaf pan fydd hi'n rhewi'n galed.

A finnau'n tyfu lan yn nhref Galway yng ngorllewin Iwerddon, deuai'r teulu yn ôl i sir Aberteifi am dair wythnos bob haf. Arhosem yn Aberteifi, a mynd i Dregaron, Aberystwyth, Cilie Aeron, Dihewyd, Poppit Sands, Cilgerran ac i Lanbedr Pont Steffan. Cof plentyn oedd gen i am yr ardal nes symud yn ôl i Gymru yn y flwyddyn 2000, a mynd i fyw i Lanwenog ger Llanbedr Pont Steffan.

Cof plentyn oedd gen i am y daith hefyd. Gyrru ar draws Iwerddon, cyn oes y draffordd – o Galway i Ennis, Limerick, Cashel, Clonmel, Carrick-on-Suir, New Ross, Waterford a Rosslare. Croesi fin nos ar hen long Sealink, cyn oes twristiaeth, a chyrraedd Abergwaun yn llawn cwsg, cyn bwrw ymlaen i Aberteifi lle byddai Mam-gu yn pendwmpian o flaen y tân trydan. Yr oglau cŵyr yr un fath bob blwyddyn, a chlywed y tegell yn sgrialu maes o law, a Mam-gu yn dweud 'duw-duw-odi-odi-be-sy'n-bod-cariad-bach'. A'r Beibl Mawr fel craig yr oesoedd ar y dresel yn y stafell ffrynt lle na feiddiai'r un llygoden gableddus darfu ar dic toc cloc mawr tragwyddoldeb.

Caem dair wythnos yn Feidr Fair wedyn. Tair wythnos yn

y wlad dros y môr yr oedd y cymdogion gartref yn Iwerddon yn mynnu ei galw yn England; tair wythnos yn bwyta tomatos a ffa Mr Lewis drws nesaf; tair wythnos yng ngwlad y blychau post coch a lluniau o ryw frenhines yn y papur bob dydd (er nad oedd shwd beth i'w gael yn Galway), tair wythnos gyda *fish-a-chips* wedi'i lapio yn y *Western Mail* ar ddydd Gwener o gaffi Pendre. Tair wythnos o berthnasau driphlith draphlith, perthnasau 'perfedd moch'; tair wythnos yn nhai cefn gwlad lle'r oedd y gwragedd yn gweini te a sgons-sbesial-a-tipyn-bach-o-jam-ar-eu-penne, a byth yn eistedd lawr pan fyddai'r cloc yn taro pedwar.

Tair wythnos oedd rheini cyn ffarwelio am flwyddyn gron arall. Ysgwyd fy llaw yn wrol ond eto yn dwymgalon y byddai Tad-cu yn ei wneud wrth inni ymadael, gan ddweud, 'dyw bechgyn mowr ddim yn cusanu'i gilydd'. Wylo yn hidl a wnâi Mam-gu; wylo llond ei ffedog a'i chalon wrth i'r car gychwyn. Ni ddaeth Mam-gu i Iwerddon erioed. Sir Aberteifi oedd ei byd yn grwn. Claf oedd Tad-cu, ac yr oedd cerdded i Finch Square yn y gwanwyn yn gamp fawr iddo.

Fe wyddwn i ers bore oes felly beth oedd ing alltudiaeth, a loes ymwahanu. A rhywsut, er parch i'r ymadawedig ac er mwyn ailafael yn eu byd rhinweddol, darbodus, syml – byd y tractorau bach coch ac ambell-i-emyn-i-godi'r-galon, byd hau a chynaeafu, byd yr oen swci a'r defaid tac, byd y mart a'r dom a'r oglau gwair cras – rhywsut er mwyn ailfeddiannu'r byd hwnnw, pe gallwn, a'i ailgladdu wedyn yn y pridd coch … ac er mwyn hel y darnau coll o wisg fy mhlentyndod oedd yn dal i hongian ar fachyn y tu ôl i ddrws yr hen barlwr llechi oer, neu ar hoelen yn y sièd wair ar ffarm fy ewyrth yn Llangrannog … Er mwyn gwneud hynny i gyd, dod yn ôl oedd raid, a chael bod yn Gymro yn ei gynefin, beth bynnag fyddai ystyr hynny – canu 'Hen Wlad fy Nhadau' yn Stadiwm y Mileniwm, gwrando ar *Dalwrn y Beirdd*, mynd i dreialon cŵn defaid Cwmsychbant, ceisio am swydd fach barchus ym Mhrifysgol Cymru, neu jyst prynu petrol ym

Morrisons, bwyta *pizzas*, darllen y dudalen chwaraeon, anghofio gweddill y byd, a pheidio â chwestiynu dim.

Er mawr ryfeddod, tybiwn wedi dychwelyd mai'r un oedd y wlad a welwn o'm cwmpas â'r wlad a welwn dri deg mlynedd ynghynt. Y caeau helaeth yn ymestyn yn falch tua'r llethrau moelion bob ochr i'r cwm cysgodol, y cloddiau wedi'u plethu a'u plygu'n gelfydd. Dafad syn yr olwg yn sefyll mewn adwy a'i chwt yn gaglau mawr. Yr heolydd lled esgyll barcud yn arwain at y ffermydd gwasgaredig. Y tai cadarn, dirodres yn glasurol gytbwys eu siâp a'u maint – dau lawr, to llechi, pedair ffenest ac iddynt ffrâm siâp croes. Ci defaid ar ei fola o flaen y drws agored a blaen ei dafod ar lawr wedi'r gwaith corlannu a'r campau yn y maes. Gwraig y tŷ yn gwisgo'i ffedog las mam-gu a'i gwallt yn fwlyn taclus am ei phen. Y gwartheg Jersey'n ymlwybro tua'r clôs amser godro, pob un â'i chadair orlawn yn gwegian. Capel Bethel ger y fynwent brudd a'r ywen weddw ar ei bwys yn cyfri'r canrifoedd; ac ar ben y cyfan, nid oedd siop goffi Contis wedi newid dim ar y stryd fawr yn Llambed.

Ond tybed ai camsynied yr oeddwn i? Ai dychmygu gweld yr hen fyd oedd hyn? Anwybyddu'r byngalos aneirif ar hyd y ffyrdd, y coedwigoedd bytholwyrdd ar ben mynydd Trichrug, yr adfeilion gwyntog ar Fynydd Bach yn aros i'r Sais eu hachub. Y stadau o dai yn Aberteifi a Llandysul lle nad oedd neb wedi clywed am y beirdd gwlad, na'r porthmyn, na'r goleuadau'n fflachio gyda'r nos ar Fanc Siôn Cwilt. Y 4x4s anferth o flaen Somerfield yn cyfrannu'n hael at y newid yn yr hinsawdd; yr acenion cymysg yn y Llew Du, yr acenion estron yn y Llew Coch. A'r teimlad fod Cymru yn rhywle arall bellach – rownd y gornel, yng ngwaelodion y peint sydd heb ei yfed eto, yn hanfod y sgwrs sydd heb ei chael, yn y rhifyn i ddod o'r papur bro, yn lleisiau plant yr ysgol fach pan ddeuent i hel arian, yn y gyfrol nesaf o waith y llenor diweddaraf.

Ai camsynied yr oeddwn, ai breuddwydio? Wn i ddim. Ond gwn nad breuddwyd mo'r naill Gymru na'r llall yn ei thro, oherwydd troi y mae'r rhod, troi eto fyth gan fynd â ni ymaith dros y don heb oedi rhagor i wlad arall . . . i'r Ynys Werdd, i fyd y Gwyddel.

## GWREIDDIAU'R GWYDDEL

Ger Lough Derg, ar y ffin rhwng Donegal a Fermanagh, rhwng Gogledd Iwerddon a'r Weriniaeth, mae pentre bach ar lannau afon Termon, sef afon terfyn, afon y ffin. Pettigoe yw enw'r pentre ar ochr Donegal. Tullyhommon yw ei enw ar ochr Fermanagh. Ar yr ochr ddeheuol yn Pettigoe, sef Llain y Gof, yn swydd Donegal y cafodd fy nhad Desmond ei eni. Gwyddelod o drwch blewyn ydyn ni felly. Gwyddelod o led nant. Gwyddelod y ffiniau. Pobol y ffiniau oedd Tad-cu a Mam-gu Iwerddon hefyd. Un o dref Clones oedd fy nhad-cu, Frank Johnson, ar y ffin rhwng Fermanagh yn y Gogledd, heb fod ymhell o Enniskillen a Monaghan yn y Weriniaeth. Ac ar y rhostir yn nwyrain Donegal y cafodd fy mam-gu, Susan Ward, ei magu. Roedd gan deulu'r Wardiaid ffarm ar y ffin rhwng Donegal a Derry, ger Ballybofey ar y naill law a Castlederg ar y llall.

Swyddog tollau oedd Tad-cu. Roedd gwylio'r bont rhwng Pettigoe a Tullyhommon yn rhan o'i waith. Nosweithiau hir oedd nosweithiau'r swyddogion ffin yn eu cwtsh digroeso. Manion a âi â'u sylw gan amlaf. Ac wrth gwrs, byddai masnach y ddiod gadarn yn un o'r manion hynny. Pe bai gormod o lwyth gyda rhyw drafaeliwr mentrus, ysgafnhau'r baich fyddai raid. Hawdd dychmygu dau neu dri o ddynion unig yn llygadu'r poteli amddifad wrth i'r nos ddyfnhau.

Trwy chwarae gwyddbwyll y difyrrai'r swyddogion toll eu hunain gyda'r nos ar y ffin. Ac wedi treulio blynyddau yn y cwtsh ar y bont, a finnau'n bum mlwydd oed, fe ddysgodd Tad-cu i fi chwarae. Wrth ddysgu, dychmygwn mai yn Rwsia yr oeddwn i. Wn i ddim pam. Oherwydd i mi weld enwau'r meistri 'Sofietaidd' ar y darnau gwyddbwyll wedi'u torri mas o dudalen 32 yr *Irish Independent* mae'n rhaid: Keres, Kotov, Karpov ac eraill. Dychmygu bod y clawr llyfn pren yn rhodd gan forwr o St Petersburg. Gwrando ar gerddoriaeth glasurol Rwsia wrth chwarae: alawon gosgeiddig Tchaikovsky, ceinciau smala Prokofiev, gwaith herfeiddiol Shostakovitch. Clywed y gerddorfa o'n hamgylch yn y fan a'r lle; gwynt cabaets yn wafftio lan o'r gegin, bloedd y trwmpedau yn cyhoeddi'r gad, y frenhines wych, sidanaidd yn cyfeilio i sain y tannau, y cyrn yn gorfoleddu gyda dyfodiad y brenin.

Mae gwyddbwyll yn gwneud i fi feddwl o hyd am nosweithiau blin y swyddogion toll yn eu cwtsh diarffordd ar y brithdir lle ymdoddai'r deyrnas a'r Weriniaeth i'w gilydd. Yr oerfel yn cosi blaenau'r bysedd, annwyd yn bygwth; ac wrth i'r nos ddyfnhau, a'r gêm wyddbwyll hithau'n araf ddwysáu, un neu ddau o'r dynion dywedwst yn llygadu'r poteli amddifad, cyn troi eu golygon yn ôl at y werin bren a'r clawr llyfn – rhodd gan ryw forwr o St Petersburg adeg y chwyldro.

Er cryfed y cysylltiad teuluol â chyffiniau gogledd Iwerddon – Donegal, Derry, Fermanagh a Monaghan – symud oddi yno fu hanes y teulu. Symud i weithio, dilyn y geiniog. Araf ddiferu o gyffiniau'r gogledd tua'r de mae cyfran o'r boblogaeth ers canrif a mwy er mwyn ceisio gwell byd a hawliau sifil, ac fe gafodd Tad-cu swydd yn y maes awyr newydd yn Shannon dros gant a hanner o filltiroedd i ffwrdd o'i gynefin.

Yn Ennis yn swydd Clare ger Shannon yr ymgartrefodd Frank a Susan Johnson a'u plant wedi ymadael â'r Gogledd. Ond daliai Tad-cu i chwarae gwyddbwyll gyda bois y cwtsh gan ddefnyddio'r post bob dydd – byddai gêm yn para am fisoedd bwy'i gilydd wrth i'r postmon fynd a dod.

Yn Shannon y byddai'r awyrennau mawr yn ddeuai o America yn aildanco cyn iddynt dyfu'n ddigon mawr i gyrraedd Llundain a Pharis heb ddisgyn. Roedd agor y maes awyr hwnnw yn debyg i agor Pont Hafren: llif o draffig newydd yn cyrraedd Iwerddon o Efrog Newydd a Boston, a chyrraedd Cymru o Lundain a de Lloegr. Ymhlith yr Americanwyr y bu Tad-cu yn llygadu'u pasborts yn Shannon oedd y bonheddwr John Wayne, pan ddaeth hwnnw i wneud y ffilm *The Quiet Man*.

Yn Ennis yr aeth fy nhad i'r ysgol fawr hefyd. Y Christian Brothers oedd yn rhedeg yr ysgol. Wedi symud o Ulster, a chael addysg uwch ym Munster, siaradai fy nhad Saesneg ag acen lled debyg i acen yr Alban, ond siaradai Wyddeleg fel deheuwr rhonc. Fe aeth i Brifysgol Galway, ac wedi graddio yno, cafodd ysgoloriaeth i astudio Biocemeg yn Aberystwyth. Yno cwrddodd â mam, merch ffarm o berfeddion Sir Aberteifi. Symud yn ôl i Galway fu eu hanes rai blynyddoedd yn ddiweddarach yn 1969, a finnau'n bedair oed erbyn hynny.

Symud yn ôl i Donegal ac i'r cyffiniau rhwng de a gogledd fu hanes Tad-cu a Mam-gu yn fuan wedi hynny hefyd, ac erbyn i fi ddod yn ddigon mawr i gofio ambell ddigwyddiad pwysicach na'i gilydd, roedd wedi mynd yn arfer gyda ni i fynd i dref Ballyshannon yn gyson.

Mae afon Erne yn rhannu talaith Connaught a thalaith Ulster oddi wrth ei gilydd. A thua deng milltir o aber yr afon yn Ballyshannon, mae pentref Belleek. Saif Belleek ar bwys Lough Erne, ac ar lannau'r llyn, a'i frwyn melyn brith, yr oeddwn i yn arfer pysgota gyda Tad-cu a 'nhad. Hanner awr yn y car oedd glannau'r llyn o'r tŷ yn Ballyshannon, ond cychwyn yn y Weriniaeth oedd y daith a gorffen yn y Deyrnas Unedig. Ac ar y ffin, neu yn agos iawn iddi, byddai catrawd o filwyr gwyrdd, smotiog, arfog yn gwylio'r traffig, ac yn stopio ceir amheus yr olwg, gan archwilio'n ddi-baid a rhyw hanner cyfarth negeseuon cwta i mewn i'w radio poced.

Pan oedd y trafferthion ar eu gwaethaf, sef adeg y terfysg neu'r rhyfel, roedd poblogaeth Gogledd Iwerddon ar bigau'r drain bob awr o'r dydd, a hithau'n frwydr o lech i lwyn rhwng byddin ei Mawrhydi a byddin bôn clawdd y Gwyddel cyfrwys. A phryd hynny, pan fyddai'n amser pysgota, a finnau eisiau clywed awel yr hwyr yn canu yn y lein bysgota a'r brithyll yn hel pryfed, dyna pryd y byddai'n rhaid croesi'r ffin. Pe baem yn cael ein stopio gan y milwyr, ateb eu cwestiynau fyddai raid. Milwyr ifainc oedd ar y ffin gan mwyaf, bechgyn naw stôn a hanner a'u gynnau'n rhy fawr iddynt. Ond gadael inni fynd a wnaent bob tro, gan adael inni groesi'n ddiffwdan ar y ffordd yn ôl hefyd.

Un noson, wedi treulio dwy awr hamddenol ger y dyfroedd llwyd yn pysgota, cyrhaeddom adref yn ogoneddus gyda'r ysbail, a mynd ati i'w ffrio yn gnawd ac yn groen yn y fan a'r lle, gyda thalp o fenyn a llond sosban o datw stwmp. A dyna pryd y sylweddolais fy mod wedi gadael fy siwmper ar y lan. Doedd dim amdani ond mynd yn ôl drannoeth gan obeithio na fyddai'r glaw wedi'i sarnu.

Wrth godi drannoeth a'i gweld yn ddiwrnod braf, meddyliais fod y siwmper yn siŵr o fod yn disgwyl amdanom ar y lan heb ei sarnu. Ond wrth gael brecwast, fe glywsom ar y radio fod rhybudd bom wedi ei gyhoeddi ger Belleek a bod y ffordd ar gau. Siom enfawr. Nid siwmper gyffredin mo'r un oedd hanner awr i ffwrdd yn y Deyrnas Unedig ar y lan, yn ei phlyg yn disgwyl i'r glaw ei maeddu. Achos Mam-gu wnaeth y siwmper i fi, ei gwau a finnau'n ei gweld yn tyfu fesul pwyth a fesul rhes, a gweld y llewys yn araf ymestyn, a'r dilledyn yn ymffurfio'n gywrain iawn.

Ond siwmper amddifad iawn mewn gwlad ddierth oedd siwmper Mam-gu y bore hwnnw. Roedd Lluoedd y Goron yn gwahardd i neb ei cheisio, yn smalio bod rhyw fom ar fin ffrwydro jyst er mwyn peri loes i fi ac i wneud i fi deimlo'n ddiflas. Collais y siwmper, a honno'n siwmper arbennig iawn. Ond es i feddwl wedyn fod pobol eraill wedi colli mwy na siwmper. Dechreuais weld bywyd yn greulon. Roedd pawb yn pysgota gyda'u tadau, gan gynnwys y milwyr naw stôn a hanner rhy-fach-i'w-gynnau, mae'n siŵr.

A phryd hynny, er na wyddwn i – achos dim ond naw oed oeddwn i – catrawd o filwyr Cymreig oedd yn gwylio'r arfordir rhwng Fermanagh a Donegal. Ac efallai bod un o fois Llambed yn eu plith, ac yntau yn arfer gwrando ar y *jukebox* yn Contis, neu'n mynd i gyfarfodydd y Ffermwyr Ifanc yn Llanwenog. A tasen i wedi'i gyfarch a dweud, 'Shwmai boi, shwmai'n ceibo?' efallai y byddwn i wedi cael croesi'r ffin ac achub y siwmper wlân wen.

Ond nid felly y bu. Cau'r ffin a phallu'i hagor wnaeth bois Llambed a'r Goron, neu bwy bynnag oedd yn dweud y drefn y diwrnod hwnnw. Ei chau a phallu'n deg â'i hagor yr un fodfedd nes inni fynd yn ôl i Galway. Ac fe ddaeth yn law mawr toc wedyn, ac fe gododd dyfroedd Lough Erne i olchi beiau'r byd. Efallai i rywun weld y siwmper a mynd â hi. Neu feddwl bod crwt naw oed wedi boddi yn y llyn.

# Yr Aelwyd a'r Byd Mawr

ANGHYDFFURFIO

Rhyfel cartref yw'r canlyniad pan ddaw terfyn ar lywodraeth estron. Anhrefn. Gwrthdaro. Felly Iwerddon hefyd. Rhwng 1922 ac 1923 bu'r wlad ar dân. Daeth y Rhyfel Cartref ar sodlau'r Rhyfel dros Annibyniaeth y bu ymadawiad awdurdod Prydain yn ganlyniad iddo. Asgwrn y gynnen yn y Rhyfel Cartref oedd y *Treaty*, gair du iawn yn hanes diweddar y wlad. Yn ôl amodau'r cadoediad, byddai'r Iwerddon rydd yn cynnwys chwe sir ar hugain, a chwe sir yn y Gogledd yn aros yn rhan o'r Deyrnas Unedig – hynny am fod mwyafrif eu poblogaeth yn Undodwyr ac yn Brotestaniaid, a'r rheini'n ffyddlon i'r goron.

Bodlonai rhai Gwyddelod ar y cyfaddawd hwn. Roedd rhai yn ei erbyn yn chwyrn, a bu tywallt gwaed. Erbyn hyn, mae dylanwad y Rhyfel Cartref wedi pylu'n fawr ond, hyd y nawdegau nid oedd yr hen friwiau a'r hen greithiau wedi gwella'n llwyr. Amodau'r *Treaty* sy'n esbonio creu Gogledd Iwerddon, ac mae'r rhyfel yn esbonio pam yr oedd cefnogaeth yn y Weriniaeth i ymgyrch filwrol yr IRA hyd chwarter olaf yr ugeinfed ganrif.

Dwy brif blaid sydd yn Iwerddon ers sefydlu'r wladwriaeth, a'r ddwy â'u gwreiddiau yn y Rhyfel Cartref. *Fianna Fáil* yw'r blaid gryfaf, a sefydlwyd gan Éamon De Valera yn 1926. Plaid yn erbyn y *Treaty* oedd hi, a'i galwodd ei hun yn *Republican Party*. Ystyr enw'r blaid yn llythrennol yw 'Milwyr Iwerddon', ond geiriau tywyll eu hystyr yw *Fianna Fáil* erbyn hyn, ac aeth eu harwyddocâd yn angof.

Y blaid fawr arall yn Iwerddon yw *Fine Gael*, sy'n golygu 'Cenedl y Gwyddel'. Roedd sefydlwyr *Fine Gael* yn garfan o blaid *Treaty* 1921. Michael Collins oedd eu harweinydd. Fel nifer o'r gwrthryfelwyr a fu'n cynllwynio i ddymchwel awdurdod

Prydain yn Iwerddon, treuliodd Collins beth amser yn y carchar yng ngwersyll Frongoch ger y Bala. Roedd y fan honno'n goleg i wŷr o bob cwr o Iwerddon oedd â'u bryd a'u meddwl ar gwblhau gwaith y chwyldro ar ôl dychwelyd adre.

Nid *Fianna Fáil* a *Fine Gael* yw'r unig ddwy blaid yn Iwerddon ers sefydlu'r wladwriaeth. Ymhlith y pleidiau bychain mae'r Blaid Lafur, plaid ein haelwyd ni. Mae'n anodd i'r Cymro ddychmygu pa mor ddi-nod yw'r Blaid Lafur yn Iwerddon. Y ffordd orau o'i disgrifio yw dweud bod ei phwysau gwleidyddol yn Iwerddon yn debyg i bwysau gwleidyddol Plaid Cymru yn San Steffan yn ail hanner yr ugeinfed ganrif.

Cael fy magu ar ben-glin plaid y sildynnod fu fy hanes i felly. Ac oherwydd fy nghynhysgaeth Gymreig, a'r ffaith fy mod yn siarad Gwyddeleg, roedd cael bod yn aelod o leiafrifoedd a grwpiau ymylol yn rhywbeth y deuthum i arfer ag ef ym more oes. Ond er ei bod yn blaid fach ar lefel genedlaethol, roedd y Blaid Lafur yn gymharol gryf yn Galway. Deuai rhai o'i chefnogwyr o barth y brifysgol. Roedd eraill yn bobol greadigol yn ymarfer eu crefft a'u dawn yn y dref. Dyn o'r enw Michael D. Higgins oedd ymgeisydd y Blaid Lafur yn Galway. Fe gafodd ei ethol yn aelod o *Dáil Éireann*, Senedd Iwerddon, yn 1981, a dod yn weinidog yn 1993. Ei deitl bryd hynny oedd 'Minister for Arts, Culture and the Gaeltacht', ond buan iawn y cafodd ei ailenwi yn 'Minister for *Craic*' – sef 'hwyl' yn iaith y Gwyddel. Roedd rheswm digon syml am hynny. Swyddogaeth adran Michael D. yn y llywodraeth oedd trafod grantiau ac ariannu digwyddiadau celfyddydol.

Cwrddai'r blaid yn ein tŷ ni ambell waith yn nyddiau cynnar gyrfa Michael D. Cofiaf sawr y sigârs yn y stafell ffrynt yn y bore ar ôl clywed llanw a thrai lleisiau'r dynion oddi tanaf a finnau'n pendwmpian cysgu, a'r lludw mewn ashtrê ar ben y piano drannoeth. Daeth y sigârs yn destun sbort. Aeth si ar led mai pobol uchel-ael oedd rhai o aelodau Llafur y dref, a chaent eu galw'n 'smoked salmon Socialists'.

Ar ben y ffaith mai ni oedd yr unig deulu'n perthyn i'r Blaid Lafur ar y stryd, y ni oedd yr unig deulu nad âi i'r offeren ar fore Sul hefyd. Catholigion selog oedd mwyafrif llethol y cymdogion. Ond, ac yntau wedi'i fagu'n ddwyfol iawn, troi yn erbyn duwioldeb wnaeth fy nhad. Ar wal ein cegin ni, nid oedd yr un llun o Iesu tirion a'i ddwylo'n gleisiau byw a choron ddrain am ei ben. Ac ar ein silffoedd llyfrau, ochr yn ochr â cherddi Yeats a Kavanagh, *Canu Aneirin*, a *Gardener's Companion*, yr oedd *Quiet Flows the Don* gan Sholokhov, *The Cossacks* gan Tolstoy, a cherddi Yevtusenko. Rhaid ychwanegu fod y Beibl Cymraeg a'r Llyfr Emynau ochr yn ochr â'r Rwsiaid, ond roedd y gymdeithas Fethodistaidd yn Galway yn un Seisnigaidd iawn: hetiau llydan, lliwgar, a 'dim canu o gwbwl', chwedl Mam.

Felly yn lle cribo gwallt, tanio'r modur a chael awr gysegredig yn eglwys y plwyf bob wythnos, gweld y cymdogion yn ymadael bob yn deulu y byddwn i. Gweld y tadau'n barchus yn eu cotiau a'r mamau'n weddus eu hymarweddiad. Gweld y plant yn swrth yr olwg wrth gael eu bugeilio i gefn y car gan fawr obeithio y byddai treiffl i bwdin. Gobeithio y byddent yn cael tynnu eu sgidiau gorau oedd yn rhy dynn iddynt wedi dychwelyd o gorlan y praidd. A gobeithio na fyddai hi'n bwrw glaw ar ôl cinio, neu byddai'n rhaid gwylio Shirley Temple neu Fred Astaire eto fyth cyn dychwelyd i'r ysgol yn y bore am wythnos dragwyddol arall. Erbyn chwarter i un ar ddeg ar fore dydd Sul felly, dim ond ein Ford Escort porffor deuddrws ni a safai o flaen y rhes o dai bob ochr i'r heol unionsyth, eglwysig, a phresenoldeb taer y car unig hwnnw yn gweiddi ar y nefoedd fry: 'cadwch eich hen Offeren'.

Buan iawn yr âi'r amser heibio nes i'r cymdogion ail-ymddangos ac enaid pob un wedi cael golchad wythnosol. A chan fod y gwahanol deuluoedd ar y stryd yn mynychu nifer o eglwysi plwyfol yn y cylch, tybiwn na wyddai'r gymuned ein bod ni'n deulu amhabyddgar.

Ar 30 Medi 1979, fe ddaeth y Pab ar ymweliad â Galway. Roedd pawb yn y ddinas fechan ar bigau'r drain, a mawr oedd yr ymbaratoi at yr achlysur nodedig. Gwnaed cynlluniau i reoli'r traffig, a chan fod Ballybrit – sef y stadiwm rasys ceffylau lle'r oedd yr offeren yn cael ei threfnu – hyn a hyn o filltiroedd i ffwrdd, penderfynwyd y byddai'n rhaid cychwyn tua phedwar y bore.

Cafodd mab y cymdogion ei siarsio i ganu cloch ein drws ni yn brydlon. Cysgu yn braf yr oeddwn i pan glywais y 'bing-bong'. A dyma fi'n meddwl am y Pab, a gofyn i mi fy hun, tybed ydi e'n gorfod codi am chwarter i bedwar i fynd i'r stadiwm rasys ceffylau? Ac er i fab y cymdogion ganu eilwaith, llithro'n ôl i drwmgwsg melys wnes i gan freuddwydio am y Pab mewn gwisg *jockey* ar gefn staliwn a'r dorf yn bloeddio; ac yntau yn ennill y ras a chyrraedd mewn pryd i fendithio can mil o Wyddelod oedd wedi codi'n ffyddlon, a phrofi'n ddigamsyniol eu bod yn well Cristnogion na fi.

'REAGAN GO HOME'

Fe wnaeth nifer o arlywyddion yr Unol Daleithiau olrhain eu gwreiddiau'n ôl i Iwerddon. Teulu'r Kennedys yw'r ach Wyddelig enwocaf yn America. Daeth John F. Kennedy i Iwerddon yn 1963, gan gyfarch tyrfaoedd mawr ar hyd ac ar led y wlad, a chanu clod y byd newydd, diolch i'r Gwyddel am ei gymorth yn adeiladu'r Unol Daleithiau, gwenu fel sosban ar fachyn a'i lygaid llanc yn pefrio'n ddireidus ac yn rhydd. Ac Arlywydd Iwerddon, Éamon de Valera, yn eistedd yn fusgrell ac yn anesmwyth yr olwg wrth ei ochr.

Ac wedyn yn 1984, trefnwyd ymweliad gan Ronald Reagan. Rhoi hoff bolisi tramor ei wlad ar waith yn Ne America oedd y cyn-actor Hollywood ar y pryd: porthi unbennaeth, anghyfiawnder a gormes; peri i'r sefyllfa wleidyddol fynd yn ansefydlog ac yn anghynaliadwy; mynd â'r fyddin i mewn i'r wlad er mwyn achub cam y trigolion – yn swyddogol hynny yw, ond yn answyddogol i fachu adnoddau'r wlad a dwyn ei holl gyfoeth; a chan ddefnyddio twyll ac ystryw a dweud celwydd noeth, perswadio gweddill y byd eu bod yn gweithredu er lles y ddynoliaeth. Roedd y polisi hwn yn rhan o'r frwydr deg a chyfiawn yn erbyn bwgan mawr comiwnyddiaeth. Ac ymyrryd yn Nicaragua yr oedd llywodraeth Reagan pan ddaeth pennaeth lluoedd arfog 'Uncle Sam' i'r Ynys Werdd. Roedd ei gysylltiadau teuluol â phentref bach o'r enw Ballyporeen wedi bod yn destun siarad, ac yn destun balchder, ac yn wir yn destun ysmaldod yn lleol; ac fe wnaeth Reagan yn fawr o'i gyfle i arddel ei wreiddiau a chydnabod y werinos Wyddelig. Aeth i'r dafarn ac yfed ei beint fel gwas ffarm yn ei ddillad gwaith, a chael croeso cynnes gan y sefydliad a chan wleidyddion Iwerddon (hwythau yn weision ffarm gynt ond yn falch iawn o gael deddfu a dadlau'n hirben ym moethusrwydd y Senedd erbyn hyn).

Fel rhan o'i daith i Iwerddon, fe wahoddwyd Reagan i Galway i dderbyn doethuriaeth yn y Gyfraith er anrhydedd gan y Brifysgol am ei waith ardderchog yn rheibio tlodion y cyfandir agosaf ato. Doedd dim amdani ond gorymdeithio, gollwng balŵns duon a bloeddio mor uchel â phosib pan fyddai'r limwsîn yn gwibio heibio a haid o blismyn talcennog o'i amgylch fel clêr ar dom: 'Reagan go home'.

Fy nhad a mintai fechan o wrthryfelwyr diysgog yn y coleg ac yn y dref oedd wrth wraidd y brotest. Roedd y sefyllfa yn annioddefol iddynt. Roedd y coleg oedd yn eu cyflogi – y coleg yr oedden nhw'n llafurio ynddo er mwyn darparu addysg uwch i'r Gwyddelod ifanc – roedd y coleg hwn ar fin moesymgrymu'n daeogaidd i ddyn oedd yn gyfrifol am ariannu rhyfel y sêr, a pheryglu'r byd trwy'r arfau niwclear yr oedd yn bygwth eu defnyddio pe meiddiai neb herio'i dra-arglwyddiaeth fyd-eang. Moesymgrymu'n llechwraidd ac, ar ben hynny, difwyno enw da'r Brifysgol drwy wahodd y bonheddwr Reagan i fod ar restr graddedigion y coleg.

Roedd rhaid talu'r pwyth felly. Sefyll yn yr adwy. Pwysleisio'r gwarth a'r cywilydd. A pha ffordd well i ddeuddyn

33

penderfynol – Desmond Johnson a Pat Sheeran – wneud hynny na gosod bwrdd du ar ganol y stryd fawr yn y dref, gwisgo'u gwisg academaidd a'u hetiau pedwar corn a chynnig gradd er anrhydedd i bob un a ddeuai heibio dim ond iddynt ateb cwestiwn cyfaddas: 'Pwy yw prif weinidog Prydain? Gradd mewn Gwleidyddiaeth! Beth yw enw prifddinas Iwerddon? Gradd mewn Daearyddiaeth! Beth yw cyfanswm dau a dau? Gradd mewn Mathemateg, a llongyfarchiadau mawr.' Yn wir, fe ddaeth yr Athro Mathemateg heibio wrth i'r sioe fynd yn ei blaen. Roedd sianel deledu'n ffilmio yno ar y pryd. Aeth yr athro druan yn lloerig: 'I worked for mine,' mynnai yn uchel ei gloch ac yn goch ei wyneb, 'I worked for my degree, how dare you!' A dyna yn gwmws y neges a aeth allan i'r byd mawr.

Ond y tu ôl i'r llenni, ac ar gorneli'r strydoedd prysur, ac yn yr hofrenyddion swnllyd uwchben y ddinas fach heddychlon, roedd gwaith oergalon di-wên mwy difrifol o'r hanner yn cael ei wneud. Dacw ddau asiant cudd ar ben y bont yn gwylio pawb a phopeth, a'u llygaid yn symud mewn cytgord perffaith i'r dde ac i'r chwith fel llygaid cath yn gwylio cleren ar ffenest. Ac o dan gesail pob un yr oedd cês bach du rhag ofn nad oedd neb wedi sylweddoli pwy oedden nhw a beth roedden nhw yn ei wneud yn ein plith. Ac âi straeon ar led bod radar ac offer sbio goruwch gyffredin gan yr hofrenyddion oedd yn tynnu lluniau pawb yn yr orymdaith, ac ni fyddai neb yn cael fisa i fynd i'r Unol Daleithiau pe caent eu gweld, ac mi fyddai enwau eu hanwyliaid a'u teuluoedd yn Boston ac yn Chicago ar restr ddu'r CIA, Duw a'u gwaredo.

Teimlasom yn gaeth y diwrnod hwnnw yn 1984, er bod awel y gwanwyn yn chwythu drosom yn ddilyffethair; teimlo gwahaniaeth barn am yr hyn y dymunid damsgen arno; teimlo'n ddierth ar ein haelwyd ein hunain oherwydd i lywodraeth ein gwlad blygu fel corrach o flaen y cawr, am fod pwysau arnom i gydymffurfio. Ond aeth yr orymdaith yn ei blaen, a chyrraedd y tro yn y ffordd rhwng yr eglwys gadeiriol a'r bont fawr tua chwarter milltir i ffwrdd o byrth eang y Brifysgol eangfrydig, a dyna ble'r oedd carfan o'r heddlu wedi ffurfio cadwyn ar draws y ffordd. O'u blaen nhw yr oedd trefnwyr y brotest yn ail gadwyn gyda'u cefnau tuag at yr heddlu, a Nhad yn eu plith. Fe wyddai e pe bai gwthio neu amryfusedd o unrhyw fath o fewn ugain llath i gar y dyn mwyaf dylanwadol dan haul . . . fe wyddem oll pe bai unrhyw un yn camymddwyn mai siwrnai fer iawn oedd hi i'r ysbyty, achos onid oedd ordors gan y plismyn i daro unrhyw ddihiryn fyddai'n torri'r gadwyn?

Ymhen hir a hwyr, daeth car yr Arlywydd heibio, a'r dorf fach rhwng yr eglwys gadeiriol a'r bont tu ôl i'r gadwyn ddiogelwch ddwbl yn gweiddi ar y brawd yn eithaf jocôs wedi'r cyfan: 'Button man go home, Nicaragua, Nicaragua!' ac ambell ddywediad bach pert arall na chofiaf hwy air am air erbyn hyn. Troi i mewn i'r Brifysgol wnaeth yr osgordd. Am dri o'r gloch ar ei ben yr oedd y seremoni raddio i fod. Ac am dri o'r gloch ar ei ben, dyma ollwng cawod o falŵns duon i'r awyr, pob un yn codi fel plwm-pwdin i'r entrychion a'r awel yn eu chwythu'n braf i gyfeiriad y Brifysgol, chwarae teg iddi, er mwyn i'r boneddigion hetiau a menig gael rhywbeth i edrych arno wrth i'r gyfraith ryngwladol gael ei thanseilio'n barchus.

Wedi gollwng y balŵns, aeth rhai o'r protestwyr ar eu hunion i dafarn Naughtons gyferbyn â'r Quays Bar ar bwys y Spanish Arch ac eglwys St Nicholas yng ngwaelod y dref. Eisteddon nhw wrth y byrddau pren wrth i olau'r prynhawn lifo'n ddilwch trwy'r ffenestri bychain, a chnoi cil ar ddigwyddiadau'r dydd a thorri syched yn frawdgarol. A chyn pen dim dyma saith plismon yn dod trwy'r drws, a thynnu eu capiau pig yn sifil iawn, a gwenu'n lletchwith braidd ar y cwmni oedd wedi tawelu a throi i lygadu'r heddweision. Roedd ystyllen bren y tu mewn i ddrws y dafarn, a hoelion hongian cotiau a hetiau ar yr ystyllen, a dyma'r saith heddwas yn hongian eu saith cap ar y saith hoelen, a galw am saith peint, a rhyddhau saith ochenaid o ryddhad. Roedd eu helbul nhw ar ben bellach – oni chawsant eu gorfodi i warchod yr ymwelydd tramor, a bugeilio'r dorf nid o'u gwirfodd, yn wir, ond er eu gwaethaf? Onid oedd pob heddwas yn y wlad wedi ei orfodi i weithio y diwrnod hwnnw er mwyn sicrhau hir oes i Mr Reagan? A dyna saith heddwas oedd yn falch o'r croeso a gawsant gan eu cydwladwyr yn nhafarn Naughtons y prynhawn hwnnw.

Gwlad niwtral oedd Iwerddon wedi bod ers yr Ail Ryfel Byd. Ond trobwynt o ryw fath oedd ymweliad Reagan. Neu o leiaf arwydd plaen iawn mai rhywbeth anwadal oedd ein niwtraliaeth bellach. Craidd y polisi niwtraliaeth oedd peidio ag ochri gyda'r cynghreiriaid na'r ffasgwyr rhwng 1939 ac 1945. Ni fu rhyfel yn Iwerddon yn ystod yr adeg hon. Cafodd y cyfnod ei alw yn *emergency*. Rhaid cofio hefyd yn 1939 mai dim ond ugain mlynedd a aethai heibio ers i'r Gwyddel ddatod hualau hanes. Go anodd felly fyddai ymuno â'r hen elyn a'r briw heb wella. Ac wedi'r rhyfel, ymatal rhag ymaelodi â NATO wnaeth Iwerddon, a chadw'i thraed yn sych yn lle'u gwlychu yn nyfroedd y Rhyfel Oer.

Ond nid egwyddor aruchel fu niwtraliaeth Iwerddon ers 1939. Cyfaddawd oedd hi hefyd. Ffordd o fyw. Ffurf ar ddiplomyddiaeth bragmatig. Eto i gyd, annheg fyddai galw'r polisi yn un dauwynebog: credai llawer o bobol y wlad, gan gynnwys nifer o wleidyddion cydwybodol, fod y safbwynt yn un gwerth ei amddiffyn. Ond wedi ymweliad Reagan, llugoer a chlaear fu niwtraliaeth y Weriniaeth, ac ers rhai blynyddoedd bellach, y mae awyrlu America yn cael brecwast da ym maes awyr Shannon wrth i'w hawyrennau gael eu harchwilio a'u hail-lanw ar eu ffordd i Baghdad a Kabul i allforio rhyddid a democratiaeth.

## CYFFESU'N HWYR

Mi ges fy nghosbi gan Dduw unwaith. Ro'n i'n saith oed ar y pryd. Yn yr ysgol fach roeddwn i, ac yn yr ysgol honno, fel yn nifer o ysgolion cynradd Iwerddon ar y pryd, roedd y dosbarth yn mynd i gyffesu unwaith y tymor – mynd gerbron yr offeiriad yn nhywyllwch y gell gyffesu ac adrodd y pechodau oedd wedi eu cyflawni ers cyffesu'r tro diwethaf.

Yn ein hysgol ni, y Jes, sef ysgol y Jeswitiaid, roedd yr ysgol ac eglwys y plwyf ynghlwm wrth ei gilydd. Dyma lond dosbarth ohonom felly, tua thri deg pump o fechgyn, yn mynd yn un rhes trwy'r coridorau cudd i mewn i gragen fawr yr eglwys trwy ddrws bach yn y cefn. Eistedd yn syn ar y sgiw wedyn, i bob un gael ei alw yn ei dro.

Sut bethau oedd plant yn eu hadrodd wrth yr offeiriad? Dwyn losin, rhegi, cicio ci'r cymdogion, dweud celwydd wrth Mam ambell waith ar ôl dod adref yn hwyr o'r ysgol. Ar ôl adrodd hyn a hyn o'r mân bechodau hynny, a rhoi tipyn bach o sglein ar y ffeithiau mwyaf ffiaidd, cael ein siarsio gan yr offeiriad i ddweud ein pader, ac i erfyn ar Dduw am faddeuant, ac i addo na fyddem byth yn pechu eto petaem yn byw'n gant oed.

Pan ddaeth hi'n adeg i'r dosbarth gyffesu y tymor arbennig hwn, roeddwn i gartre yn sâl, a chollais yr achlysur. Mi es at yr athro drannoeth yn anfodlon braidd, gan ddweud mod i wedi methu cyffesu oherwydd fy mod yn sâl. 'Popeth yn iawn,' meddai'r athro, 'dim ond iti fynd i gyffesu dy hunan ar ôl i'r ysgol ddod i ben prynhawn 'ma.'

Teimlais ing. Roeddwn i wedi gobeithio cael fy nhraed yn rhydd yn sgil siarad â'r athro, a pheidio gorfod cyffesu tan y tro nesaf, sef rhywbryd yn y dyfodol pell pell, ar ôl y gwyliau mwy na thebyg. A hyd yn oed petawn i'n anghofio rhan o'r anfadwaith y bûm yn ei wneud bryd hynny, byddai Duw wedi anghofio hefyd, siŵr o fod. Ond roedd fy ngobaith yn deilchion. Roedd mynd i gyffesu gyda'r lleill yn y dosbarth yn brofiad digon derbyniol, oherwydd mynd yn y bore a wnaem, a cholli gwers, ond roedd gorfod mynd ar fy mhen fy hunan a cholli awr o fy amser chwarae yn fater cwbl wahanol.

Es i mewn i'r eglwys yn ôl y gorchymyn am dri o'r gloch ar ôl y gwersi. Roedd y lle fel y bedd. Ar y sgiw ar bwys y gyffesgell, eisteddai dwy hen ferch a'u pennau wedi plygu. Ymunais â hwy yn llechwraidd, ac aros fy nhro.

Rhyw gwpwrdd ac iddo dri drws yw'r gyffesgell. Yn y canol, mae drws yr offeiriad ac yna dau ddrws arall, y naill ochr a'r llall i'w ddrws ef. Bydd golau bach coch uwchben y gyffesgell pan fydd yr offeiriad wrth ei waith. Erbyn mynd i mewn i'r gell, caiff dyn benlinio ar damaid o silff isel iawn. Mae ffenest fechan rhwng cell yr offeiriad a chell y pechadur, a chyn bo hir, dyma'r ffenestr yn agor. 'Bless me, Father, for I have sinned.' 'How long has it been since your last confession?' 'Six weeks, Father.' 'What do you have to confess, my son?' A bwrw'r cyfan mas wedyn.

Ar ddiwedd y cyffesu, yn ôl difrifwch y pechodau, bydd yr offeiriad yn siarsio'r cyffesydd i adrodd hyn a hyn o weddi. Fel arfer, 'one Our Father and three Hail Marys' oedd fy mhenyd i am fy nghabl. Wrth gwrs, aethai'n gystadleuaeth yn yr ysgol am y penyd mwyaf hallt. Y diwrnod arbennig hwn, roedd hi'n gymaint o ryddhad gen i gael fy nhraed yn rhydd o'r diwedd a chael mynd mas o'r tywyllwch llethol a dianc o'r oglau canhwyllau cŵyr nes i fi anghofio'n llwyr am y weddi. Cerdded adref wedyn, milltir a chwarter.

Pan oeddwn i tua hanner ffordd adref, dyma boen erchyll yn fy nharo ar draws fy mrest. Mi gofiais yn sydyn nad oeddwn wedi adrodd fy mhenyd. Roedd hi'n rhy hwyr i droi yn ôl am yr eglwys. Doedd dim amdani ond dal i gerdded er gwaetha'r dynfa ofnadwy oedd yn fy nhrechu. Mi ges bwl o anobaith, a meddwl fy mod yn marw ac na welwn i byth mo Dad a Mam eto ac mai arna i roedd y bai am fod yn sâl y diwrnod cynt, ac anghofio fy mhader wedyn, a meddwl ei bod hi wedi canu arna i.

Erbyn hel y meddyliau duon hyn am ddeng munud, roeddwn wedi cyrraedd y tŷ. Dyma lowcio brechdan yn y fan a'r lle, a dianc i ngwely ac erfyn ar Dduw am faddeuant am golli'r gyffes y diwrnod cynt, am gicio ci'r cymydog, am ddweud ambell gelwydd ac, yn fwy na dim, am anghofio mhenyd a cherdded yn ddu fy enaid mas o'i sancteiddle cysegredig, a mhechod heb ei faddau yn lledu fel haint trwy'r dre.

Mi gysgais chwap, a breuddwydio am gael fy ngollwng i'r entrychion a rhyw greaduriaid corniog yn fy nghroesawu i'r breswylfa danboeth lle byddwn i hyd yn oes oesoedd, Amen. Am ryw ugain munud y cysgais am wn i. Erbyn deffro, roedd popeth yn iawn. Mae'n debyg mai'r hyn a ddigwyddodd oedd bod arna i eisiau bwyd am imi gyrraedd gartre'n hwyrach nag arfer. Magodd gwynt yn y bol wedyn, a hwnnw'n peri gwasgfa a phoen. A dyna'r diwrnod y ces fy nghosbi gan Dduw.

## Y TINCARS

Ar un adeg, roedd y tincars Gwyddelig yn adnabyddus yng Nghymru. Crwydrent o fan i fan gan drwsio offer ffarmio, hogi llafnau, gwneud potiau ac ati. Yn ogystal â gwaith asio a phlygu metal, roedd ceffylau yn un o'u hoff bethau – ceffylau blewog, carnfras, smotiog, blêr. Treulient eu hoes yn prynu ac yn gwerthu ceffylau. Roedd rhai tinceriaid yn enwog am eu canu hefyd; baledi fel arfer, i gyfeiliant y banjo ambell waith, neu offeryn pwrpasol arall. Roedd tipyn o falchder yn perthyn i'w hen ffordd o fyw, a hynny'n cael ei adlewyrchu yn y caneuon:

*Bare legged Joe was a tinker boy,*
*he runs like a hare when the summer is nigh,*
*in the quiet green hills of Sligo.*

Ond meddai Ewan McColl yn ei gân 'Freeborn Man':

*Winds of change are blowing, old ways are going,*
*your travelling days will soon be over.*

Ac yn wir, yn Iwerddon yn hanner ola'r ugeinfed ganrif, perthyn i'r oes a fu oedd y pethau hynny.

Byw rhwng dau fyd heb berthyn i'r naill na'r llall oedd y tinceriaid pan ddes i i'w hadnabod yn nhref Galway yn y saithdegau. Treuliai nifer o deuluoedd ran helaeth o'r flwyddyn yn gwersylla yn ymyl y ffordd fawr ar gyrion y ddinas. Roedd amodau byw rhai o'r teuluoedd yn ddychrynllyd. Cysgu o dan ganfas ar bob tywydd, heb ddim dŵr glân i ymolchi nac i wneud te, tra gwibiai'r traffig heibio'u trigfannau gwael a digroeso. Prin yr âi'r plant i'r ysgol.

Oes fer a phlant niferus oedd tynged y gwragedd. Roeddynt yn hen ac yn hagr ymhell cyn cyrraedd y deugain. Cerddent o dŷ i dŷ i hel cardod a charthen wlân am eu hysgwyddau. Roedd ôl clefyd a salwch ar wynebau rhai. O weld eu gwaith traddodiadol yn diflannu, eu hawdurdod a'u hunan-barch yn cilio ac yn mynd yn ddim, ymroddai llawer o'r dynion i yfed. Yfed y ddiod gadarn yn ddi-baid, a'r ddiod honno'n wenwyn rhad yn amlach na pheidio. Ac yn sgil goryfed, byddai ffraeo, troseddu, a thrafferth byth a beunydd gyda'r gyfraith.

Anodd iddynt oedd gweld ffordd mas o drallod eu byd. Ymfudo wnaeth rhai ac ailymsefydlu yn Lloegr. Meddai un bachgen ifanc: 'In England we're Irish, but in Ireland we're just tinkers'. Yn Iwerddon fe gafodd rhai dai cyngor, neu fflatiau. Un o'r teuluoedd hynny a wnaeth setlo oedd y Wardiaid. Mae Ward yn gyfenw cyffredin ymhlith y tinceriaid. Dod o'r gair *bard* y mae, sef 'bardd'. Wedi setlo, trigai'r teulu yn Fflat 1, Rahoon. Deuai Mrs Ward i'n tŷ ni tua unwaith y mis, a chael dillad gan Mam. Roedd ganddi tua dwsin o blant. Roedd un ohonynt, Anthony, yr un oedran â fi. Byddai yntau a'r brawd bach yng nghwmni'r fam wrth iddi fynd o amgylch y tai.

Teulu cyfeillgar oedd y Wardiaid. Siaradent dafodiaith arbennig y tinceriaid ymysg ei gilydd weithiau. 'Kant' yw enw'r dafodiaith, cymysgedd unigryw o'r iaith Wyddeleg a'r iaith Saesneg. Eu ffordd hwy o ddweud, 'Dw i wedi rhoi'r ferch i gysgu', yw 'I'm after puttin' the lackeen in the labby'. Y gair Gwyddeleg *cailín*, sef merch, yw *lackeen*, wysg ei gefn. Ffurf o'r gair Gwyddeleg am 'gwely' yw *labby*. Roedd Kant yn gwbl annealladwy i bawb ond i'r tinceriaid. A phan siaradent Saesneg, roedd eu hacen yn neilltuol o gryf.

Cofiaf fynd i'r traeth un diwrnod. Roedd y lôn gul a arweiniai i'r traeth yn un o drigfannau dros dro un teulu. Deuent yno bob haf ers degawdau lawer. Roedd gan y teulu hwn geffylau, a rhai ohonynt yn geffylau ifainc. Ac roedd mynd â'r ceffylau i'r dŵr, naill ai er mwyn eu golchi neu er mwyn eu hyfforddi, yn ddefod gan y perchnogion. Roedden ni'n eistedd ar y traeth pan ddaeth tincar cydnerth i lawr yn arwain dau geffyl ar ben rhaff. Neidiodd ar gefn un ohonynt, ac i mewn i ganol y tonnau ag ef. Dilynai'r ail geffyl y cyntaf. Roedd gweld y ceffylau'n rhedeg nerth eu coesau drwy'r llanw yn brofiad syfrdanol. Tasgai'r dŵr hallt yn ferw i gyd o amgylch y ceffyl a hwnnw wrth ei fodd yn cael ei ben yn rhydd wedi arfer â'r awenau a'r rhaff. Pan ddaeth y gŵr â'r ceffylau mas o'r dŵr, fe bigon ni sgwrs ag e. Saesneg oedd e yn siarad, ond methais yn deg ddeall yr un frawddeg o'i ben.

Ond nid dyna oedd y profiad mwyaf cofiadwy i mi ei gael gyda'n cyfeillion y tinceriaid. Ac nid pob un ohonynt oedd mor hydrin â theulu'r Wardiaid yn Fflat 1, Rahoon. Anthony arall oedd y boi a ddysgodd fi i beidio â malu awyr gyda'r tinceriaid. Tua deg oed roeddwn i ar y pryd mae'n rhaid, ac yntau tua'r un oedran, neu ychydig yn hŷn efallai. Er mwyn mynd o Rahoon a Shantalla i Salthill, cerddai llawer o bobol ar hyd y ffordd o flaen ein tŷ ni. Mynd o ardal gymharol dlawd trwy ardal gymharol gefnog i ardal gymysg glan môr.

Un diwrnod dyma fachgen o dincar yn dod heibio. Chwarae tu fas ar bwt o borfa yr oeddwn i. Roedd ffrind bach 'da fi. Wrth fynd heibio, trodd Anthony ei ben, 'Did you call me a tinker?' medde fe'n chwyrn. Doeddwn i heb ddweud gair o 'mhen, ond mi ddywedais rywbeth hanner pryfoclyd wedyn. Aeth yn ffrae. Y naill yn hyrddio'r llall nes gafael yn ein gilydd ac ymgodymu. Teimlwn wres ei anadl wrth inni ymaflyd codwm a cheisio cael y trechaf ar ein gilydd.

Buan iawn y dysgais pam roedd Anthony wedi eillio'i ben. Fe afaelodd yn fy ngwallt i, a gafael yn dynn dynn, a phallu'n deg â gollwng ei afael. Doedd dim un blewyn ar ei ben, a beth bynnag

41

a wnawn – ei fwrw i'r llawr, ei godi uwch fy mhen – dal ei afael yn benderfynol a wnâi. Ymhen rhyw ugain munud, bu'n rhaid i mi ildio. Cerddodd fy ngwrthwynebwr bant gan frolio a phoeri yn ei gynddaredd: 'Paid byth â neud sbort am ben y tincars eto.' Mi es adre yn benwan. Roedd y byd i gyd yn troi. Roedd cael fy ngwallt wedi ei dynnu fel yna wedi codi awydd chwydu arna i.

Rhyw ddwy awr wedyn wrth y ford yn y gegin, fe ddywedodd Mam, 'Beth wyt ti wedi bod yn neud? Mae dy wallt di i gyd yn cwympo mas'. 'Ydy e?' medde fi. 'Af i i'w olchi e 'te.' A gweld dyrneidiau ohono wedyn yn nofio ar wyneb y dŵr. Bu 'mhen yn brifo am dridiau wedyn. Ymhen rhyw ddwy neu dair blynedd, mi welais Anthony unwaith eto. Roedd e wedi aeddfedu'n llanc tyff ofnadwy yr olwg. Ei ben e'n foel fel plisgyn ŵy a bŵts mawr am ei draed. Sleifio yn ôl i'r tŷ fel sliwen wnes i.

Cadw draw oddi wrth feibion cydnerth y tincar a'u pennau moel, dig a'u bŵts paid-byth-â-ngalw-i'n-dincar-gw-boi, cadw draw o'u gwg dirmygus wrth iddynt darangamu trwy'r stad a phoeri'n daclus amharchus ar eu ffordd. Cadw draw piau hi heb os nac oni bai.

Ond roedd merched da'r tincars a chwiorydd 'da'r bechgyn. Ac am gyfnod byr rhwng plentyndod swil a phriodi yn ddeunaw oed a dechrau magu torraid o fabis, am y tair blynedd rhwng y cilwenu lletchwith a'r famogaeth ddi-droi-nôl, doedd dim merched pertach, mwy swynol, mwy siapus na merched y tinceriaid. Ac i ni fechgyn tair ar ddeg a hanner oed, wedi arfer ciledrych yn hiraethus ar lodesi bach pert diniwed yr ysgol fonedd drws nesaf, roedd gweld merch o dincar yn ei gogoniant yn peri llesmair a phenbleth. Gweld ei bronnau mwytha-fi-plîs yn dwf afreolus o dan sidanwisg lachar denau denau, gweld ei gwallt toreithiog yn disgyn yn donnau eurfelyn neu'n donnau lliw'r nos llawn mwyster dros war melys-fel-afal-o-berllan-yr-esgob, gweld eu clustdlysau mawr crwn, gweld eu morddwydydd urddasol, llawn addewid iwfforia, gweld hynny oll – a chlywed y chwys yn ddiferion ar ein talcennau bach babis clwt.

Ac wedyn, un prynhawn, ar y ffordd adref o'r ysgol, wedi ffarwelio am y dydd â'm cyfoedion, a throi oddi ar yr heol i ddilyn y llwybr ar draws y ddol werdd, pwy a welwn yn eistedd yn dwt ar dipyn o dwmpath o dan yr hen gelynen ger yr adfail *Up-the-IRA*... pwy a welwn yn harddach na'r haul... ond merch o dincar yr oeddwn yn arfer ei gweld yn mynd ac yn dod gyda'i chwiorydd a chi bach gwyn... yn mynd a dod ar hyd y strydoedd tawel fore a hwyr.

Eistedd ar y twmpath yr oedd hi, yn llygad yr haul, heb neb ar ei chyfyl... eistedd ar y twmpath yn wên at ei chlustdlysau crwn maint soseri wrth i minnau ymlwybro heibio iddi, ac oedi am ennyd i dorri sgwrs â hi. Nid wyf yn cofio'r un gair a ddywedais, ond cofio gwefusau moethus y ferch yn sgleinio'n annheg a'i holl harddwch herfeiddiol yn harddach byth o'i gweld o fewn hyd braich, o fewn hyd garddwrn, o fewn hyd hanner bys bach i fi, a hithau'n dweud ei bod yn mynd i lanhau'r ysgol ar ôl pedwar ond fel arall nad oedd hi byth yn mynd i'r ysgol. A finnau'n simsan iawn, a nghalon fach fel deryn yn fy mrest wrth iddi fwrw'i chyfaredd drosof, a meddwl wrthyf fy hunan: ble mae ei chwaer, ble mae'r ci bach? A oes hawl cyffwrdd â merch tincar? A fydd hi'n tynnu 'nillad yn rhacs ac yn brolio wrth bob copa walltog yn y dref ei bod hi'n caru gyda boi o'r stad? A meddwl – nage gwybod – mod i'n ormod o lwfrgi bach i wneud dim ond syllu fel llo ar y *diva* ifanc, arallfydol a glafoeri. Ac wedi chwythu mhlwc, gwneud rhyw esgus tila, a baglu dros y geiriau a rhedeg adref â ngwynt yn fy nwrn i wneud fy ngwaith cartre er mwyn dod ymlaen yn y byd.

Am ryw ddeng munud, neu am dair blynedd efallai, gwelwn yr un deg ei phryd, y fireinferch landeg, yn pasio'r tŷ ambell waith ar ei ffordd i lanhau'r ysgol lle'r oedd lodesi bach pert, propor yn eistedd yn ufudd ac yn drefnus trwy'r dydd er mwyn cael addysg, a'r ferch o dincar yn sgubo'r llawr iddynt, yn taflu eu carthion, ac yn tingamu'n ddihid ac yn ddiddyfodol yn ôl heibio'r tŷ unwaith eto nes priodi yn ddeunaw a hanner a dechrau magu nythaid o gywion brith.

Yn yr wythdegau, ysgrifennodd Mick McConnell gân o'r enw 'The Tinkerman's Daughter'. Sôn y mae'r gân am ffarmwr yn cynnig poni i'r tincar am ei ferch. Cofiaf glywed y gân am y tro cyntaf ym Milltown Malbay, a gweld gwên fy Morfudd yn fflachio unwaith eto yn nos y meddwl fel sewin yn y don yng ngolau'r lloer:

> *The wee birds were lining the bleak autumn branches*
> *preparing to fly to a far sunny shore,*
> *when the tinkers made camp by the bend of the river*
> *on their way from the river in Ballinasloe.*

> *The harvest being over, the farmer went walking*
> *along the fair river that bordered his land,*
> *it was there he first saw her, between firelight and water,*
> *the tinkerman's daughter, the red-headed Ann.*

## CAP YR HEDDWAS

Rhyw filltir a chwarter o'n hysgol ni ar Taylor's Hill, ardal gefnog ar gyrion y dref yn edrych i lawr tuag at y môr ar foeldir swydd Clare draw, roedd ysgol y merched a gâi ei rhedeg gan y lleianod Dominicaidd. Un flwyddyn, ar ddiwrnod ola'r ysgol, fe benderfynodd criw ohonom fynd lan i Taylor's Hill a thaflu balŵns dŵr i ganol y merched wrth iddynt aros am y bws.

Roedd yr ysgol ar bwys ein tŷ ni, ac roeddwn i'n gyfarwydd â'r llwybrau o gwmpas. Cerdded ar draws y caeau ac agosáu at y bỳs-stop o'r tu cefn wedyn, ar dipyn o balmant oedd yn arwain at y stad gerllaw a dechrau lluchio'r balŵns i ganol y dorf. Codai bonllefau o weiddi afreolus wrth i'r balŵns dorri a'r dŵr dasgu i bob man.

Mae'n rhaid bod un o'r lleianod wedi ffonio'r heddlu. Yng nghanol y miri a'r sbort, sylwon ni ddim fod y car wedi cyrraedd nes i ddau heddwas lamu ohono a dechrau rhedeg tuag atom. Trodd pob un a rhedeg nerth ei goesau. Ymhen rhyw ddau ganllath roedd fforch yn yr heol. Aeth nifer o'r bechgyn yn syth ymlaen. Gwyddwn fod llwybr i'r dde, dros y caeau unwaith eto, a meddwl naill ai y byddai'r plismon yn dilyn gweddill y bois neu yn mynd heibio i'r adwy.

Dyna gamgymeriad. Aeth dau neu dri ohonom i'r dde, a phlismon ar ein sodlau. Boi eitha ffit oedd e ac yr oedd e'n gwisgo ei sgidiau dal adar y diwrnod hwnnw, a chyn inni gyrraedd pen arall y cae, roedd wedi ein dal. Cawsom ein hebrwng yn ôl i'r car wedyn, a gorfod cerdded yn benisel trwy'r merched i gyd oedd tu fas i'r ysgol yn gwylio'r pantomeim. Eistedd yng nghefn y car wedyn ac aros i gael ein cludo ymaith. Roedd y dorf yn gwasgu o amgylch y car ac yn chwifio'u breichiau'n wyllt, ac ambell un yn tynnu ystumiau ac yn gwneud sbort am ein pennau.

Sylwais fod cap pigyn main un o'r plismyn yng nghefn y car, a gwisgais hwnnw am fy mhen yn haerllug braidd, a gwenu'n fuddugoliaethus ar y dorf trwy'r ffenestr, a thynnu'r cap wrth i'r plismon ddod i mewn i'r car. Ffwrdd â ni wedyn, a ninnau'n dechrau siarad Gwyddeleg â'n gilydd yng nghefn y car. Gweld hynny yn beth smala inni ei wneud wnaeth un o'r plismyn, a dweud, yn yr iaith fain, ei fod e'n medru Gwyddeleg cystal â ni. 'Gobeithio wir,' meddwn i, 'gorffoch chi basio arholiad Gwyddeleg i gael bod yn blismon, yn do?' Trodd y plismon rownd a fy waldio dan fy llygad â'i ddwrn. Gallai fod wedi torri fy nhrwyn. Mi ges sioc go iawn, a theimlo fy wyneb yn cosi ac yn plycan, yn chwyddo ac yn brifo, a nghalon yn suddo i waelod y pwll. Ni ddywedais yr un gair eto am weddill y daith.

Mynd â ni yn ôl i'r ysgol wnaeth yr heddlu. Roedd criw mawr o'r disgyblion yn yr iard. A daeth y prifathro mas o'r cyntedd a chroen ei din e ar ei dalcen a dweud, 'This is very fine, gentlemen, having you all arrested.' Ni chawsom ein cosbi hyd y cofiaf. Wn i ddim a ddywedodd y lleill wrth eu rhieni eu bod wedi'u harestio, ond y cyfan a ddywedais i gartre oedd i fi gael ergyd wrth chwarae pêl-droed!

Drannoeth, ar iard yr ysgol, mi ges fy nghroesawu fel arwr. Roedd fy llygad wedi chwyddo'n gas ac wedi cleisio'n eithaf drwg, ac roedd si wedi mynd ar led mod i wedi rhoi cwpwl o glowts yn ôl i'r heddwas a threulio noson yn y gell. Teimlad amheuthun oedd bod yn boblogaidd am ddiwrnod: un academaidd a myfyrgar braidd yr oeddwn i yng ngolwg fy nghyd-ddisgyblion, un na châi lawer o sylw fel arall.

Wn i ddim a oedd hawl gan yr heddwas i nharo mor ddigywilydd. Roedd yn beth peryglus i'w wneud, a doedd dim angen – dim ond taflu balŵns dŵr wnaethon ni. Ond nid byd di-drais mo byd y Gwyddel.

## DYRCHAFIAETH

Dysgais chwarae gwyddbwyll yn bump oed, a byddwn yn chwarae bob hyn a hyn gyda Nhad gartref. Ond pan oeddwn yn ddeuddeg oed, a byd y meddwl a'r dychymyg yn dechrau hawlio sylw, a byd diniwed crwt ar ei brifiant yn dechrau ymbellhau, fe aeth hi'n dwymyn wyddbwyll arnaf. Mynnwn chwarae bob awr o'r dydd ac aros gartref o'r ysgol ambell waith yn lle gwrando ar dôn gron yr athrawon. A phan oeddwn i'n bymtheg oed, daeth fy nghyfle i herio'r oedolion.

Cystadleuaeth *Swiss* oedd hi, cystadleuaeth undydd. Awr fan hiraf oedd y gêm yn para. Roedd dwy ffordd i gêm orffen: naill ai drwy ddal y brenin, neu dreulio gormod o amser a cholli. Rhyw wyth o gystadleuwyr oedd yn cymryd rhan y diwrnod hwnnw. Des Manning oedd enw'r ffefryn. Un lleol oedd Manning, dyn bach hynod yr olwg. Ei wallt yn nyth brân ar ei ben, sbectol tinau pot jam ar bont ei drwyn, côt hirlaes, lwyd am ei gorff eiddil, a'i drem ymhell. Fe'i gwelwn yn mynd heibio i'r tŷ yn eithaf aml. Cerdded yn ddywedwst heibio inni. Dim diddordeb mewn pêl-droed. A sylw dirmygus un o'r bechgyn eraill wrth inni bwyso a mesur ei gymeriad oedd, 'He's an intellectual'.

Diwrnod y gystadleuaeth, Manning a finnau oedd yn chwarae yn erbyn ein gilydd olaf. Roedd pwynt ychwanegol gyda fi ar ôl y gemau eraill. Felly, roedd yn rhaid i Manning fy nhrechu er mwyn ennill y gystadleuaeth. Byddai pwynt yn ddigon i minnau. Ni chofiaf pa agorfa a ddewiswyd gennym, ac ni chofiaf ai'r werin wen ynteu'r werin ddu oedd 'da fi. Gwn mod i wedi chwarae'r *King's Gambit* yn gynt y diwrnod hwnnw – agorfa chwim, ffwrdd-â-hi – a deall y byddai hynny'n ddewis annoeth yn erbyn hen ben fel Manning. Erbyn hyn, roedd yr holl gystadleuwyr eraill wedi ymgasglu o amgylch y ford, a phawb eisiau gweld y ffefryn yn mynd ar chwâl. Roedd y ffaith mai dim ond cwta hanner awr yr un oedd gyda ni yn fantais i fi. Teimlai Manning y pwysau. Roedd yn blino.

Dim ond diwedd y gêm dw i'n ei gofio. Hoelio esgob fy ngwrthwynebydd â chastell wnes i. Yn dechnegol, roedd mantais fawr gyda fi nawr. Ond gwyddwn mod i'n ddibrofiad ac y gallwn i wneud cawlach ohoni er fy ngwaethaf a cholli'r ornest yn groes i'r disgwyl. A chan wybod mai un pwynt yn unig roedd ei eisiau arnaf, rhoddais gynnig iddo, 'Draw?' Rhannu'r pwyntiau fu felly; roedd yn well gan Manning golli'r gystadleuaeth na cholli'r gêm! Es i â'r tlws adref. A theimlo mod i wedi cael dyrchafiaeth a dod yn rhan o fyd yr oedolion.

## CYSGOD TERFYSG

Roedd barf Padrig yn un hir iawn. Whilber o farf hyd at ei fogel. Nyth pioden o farf a hynny ar wefus dyn gweddol ifanc. Safai Padrig ar ben y stâr yn y coleg. Doedd dim rhaid wrth lawer o ddychymyg i wybod pam fod ganddo farf fel yna. Newydd ddod mas o'r carchar roedd e. A chael ei roi yn y carchar am drosedd wleidyddol iawn.

Yn ystod y blynyddoedd nesaf, daeth Padrig a minnau'n dipyn o ffrindiau. Roedd yn fachgen hynaws, a chanddo ddawn adrodd straeon. Ar ben hynny, roedd yn arbenigwr ar gyfenwau'r Gwyddelod. Difyrrai'r myfyrwyr eraill drwy ofyn iddynt beth oedd eu cyfenw, ac ar sail eu hateb, dyfalu o ble yn union yr oedden nhw'n dod. Ambell waith, pe byddai'r hwyl yn dda, adroddai tipyn o hanes y llwyth i'r myfyriwr.

Dod i'r coleg i astudio'r Gyfraith a'r Wyddeleg wnaeth Padrig wedi iddo gael ei ryddhau ar ôl saith mlynedd yn Long Kesh. Roedd wedi dysgu Gwyddeleg yn y gell. Yn wir, roedd wedi bod mor brysur nes anghofio siafio gydol yr amser y bu dan glo. Cawsai ei garcharu am geisio lladd dyn ac am fod yn aelod o'r IRA. Plediodd yn ddieuog o flaen ei well gan ddadlau pe bai wedi cynllwynio i ladd y dyn, y byddai wedi llwyddo. Roedd si ar led iddo fod yn weithredol yn y frwydr gudd ar fwy nag un achlysur. Dysgodd grefft milwra a rhyfela yn y fyddin Brydeinig. Ac erbyn hyn dyma fe yn yr un dosbarth â fi yn y coleg. Roedd pawb yn dod wyneb yn wyneb â'r realiti gwleidyddol yn Iwerddon yng nghanol yr helbul mawr a'r gyflafan rhwng tua 1970 a 2000.

Mae cwrdd â Phadrig yn un enghraifft o'r ffordd y des innau'n rhan o'r plethwaith cymhleth sy'n nodweddu pob cymdeithas, boed heddwch neu wrthdaro yn teyrnasu. Ac yn Iwerddon, roedd cysgod terfysg yn ymestyn er ein gwaethaf. Rwy'n cofio bod mewn gŵyl gerddoriaeth ym Mohill, Leitrim, tua 1987. Roeddwn i wedi bod yn chwarae yn un o hen dafarnau'r dref trwy'r prynhawn. Pawb yn pigo sgwrs â'i gilydd. 'Good session,' meddwn i wrth y dyn agosaf ataf. 'Aye, the music is great, and I'm proud of Irish Republicanism too.' Wn i ddim pwy oedd y dyn. Ond roedd ei agwedd yn adlewyrchu agwedd pobol y fro.

Mae Mohill tua deugain milltir o Omagh, lle cafodd naw ar hugain o bobol eu lladd mewn ffrwydrad enfawr yn 1999. I ba raddau yr oedd balchder y brawd wrth fy mhenelin yn rhan o'r llwybr a arweiniodd at laddfa'r diwrnod galarus hwnnw? I ba raddau yr oeddwn i ar fai am beidio â dal pen rheswm gyda'r dyn – a chael cysgu ar waelod y gors y noson honno o bosib? Roedd cysgod anghyfiawnder, a'r frwydr yn erbyn anghyfiawnder, yn lledu ar draws pob aelwyd ac yn ymestyn yn anochel ar draws cydwybod pob cymuned.

Dwy ar bymtheg oed oeddwn i yn 1982 pan oedd yr ymprydio yn ei anterth yn yr *H-Blocks*. Trefnwyd gorymdaith brotest yn Galway, ac, wrth iddi fynd heibio, ymunais â hi. Ond dilyn y dorf yn hytrach nag ymuno â hi oedd fy mwriad gwreiddiol: roedd dicter am bolisïau'r Sais a braw am ddulliau eithafol y gwrthryfelwyr yn peri dryswch a gofid i fi. Mae hynny'n wir o hyd.

Credaf erbyn hyn mai gwŷr ifainc, naïf braidd oedd yr ymprydwyr, ond gwŷr balch a diffuant. Problemau cymdeithasol oedd wrth wraidd eu cŵyn: diweithdra, diffyg hawliau sifil, diffyg cyfle a'r diffyg hunan-barch a ddeuai yn sgil hynny. Eto i gyd, dirmyg a thra-arglwyddiaeth y Sais oedd wedi peri'r sefyllfa annerbyniol. Ac mewn gwledydd eraill heddiw, dal i borthi sefyllfaoedd annerbyniol y mae'r un dirmyg a thra-arglwyddiaeth. A oes a wnelo hyn â'r Cymry? Oes, heb os nac oni bai. Cynnal y drefn Brydeinig fu'n gyfrifol am amharchu cenhedloedd eraill a'u hamddifaddu o'u hawliau y mae Cymru wedi'i wneud ers amser, a hynny trwy dderbyn y drefn a manteisio arni. Yn wladwriaethol, prin y bu gan Gymru hyd yn hyn ddynion neu ferched y gwelid yn dda ganddynt herio'r drefn Brydeinig ac ochri gyda'r gweiniaid. Nid yw'n rhy hwyr. Tu mewn i'r gyfundrefn Ewropeaidd, onid oes modd i Gymru dorri'n rhydd o afael Llundain fel y gwnaeth Iwerddon ganrif yn ôl? Gwlad gymharol ddibwys fydd Lloegr ymhen ugain mlynedd. Pa werth bod ynghlwm wrthi?

# Blas yr Heli

Ers pum can mlynedd, ac ymhell cyn hynny hefyd mae'n debyg, bu llawer o hwylio ym mae Galway. Cyn oes y Tuduriaid, deuai'r Sbaenwyr a hybu masnach. Yn wir, Spanish Arch yw enw'r porth ym mur y ddinas ar y cei gyferbyn â hen bentref pysgotwyr y Claddagh. Yn ôl yr hanes lleol, fe ddaeth Christopher Columbus i Galway yn chwarter olaf y bymthegfed ganrif. Môr-leidr yn hanu Corsica oedd hwnnw'n wreiddiol, dyn digon aflednais mae'n siŵr. Yn ôl yr hanes, fe ddefnyddiodd Eglwys St Nicholas fel stabl i'w geffylau a gwelir ôl y carnau ar y llawr llechi hyd heddiw.

Morwyr pybyr oedd y Gwyddelod brodorol hefyd. Hyd at ganol yr ugeinfed ganrif, cludid nwyddau o dref Galway i Connemara gyda chychod hwylio, gan fod yr heolydd yn rhy wael o lawer. Adeg y newyn mawr yn Iwerddon yng nghanol y bedwaredd ganrif ar bymtheg, fe hwyliodd nifer o drigolion Connemara draw i Boston yn yr Unol Daleithiau.

Nid morwr mohonof fi, ond nofiwr. Nofio haf a gaeaf. Nofio yn y môr. Nofio bob dydd. Mi fegais yr arfer pan oeddwn yn yr ysgol fawr. Mynd ar gefn beic i Salthill ar ôl y gwersi, ac ymdrochi yn y dyfroedd duon. Cofio'r gaeafau ydw i gan mwyaf. Erbyn cyrraedd glan y môr yn hwyr y prynhawn, byddai'r haul ar fin machlud yn llid ac yn fflamau i gyd. Neu yn amlach na pheidio, byddai hen smwclaw yn garthen dros y bae a dyn yn gwlychu cyn ymddihatru.

Yn yr ail flwyddyn felly, a minnau'n bymtheg oed, mi benderfynais ddechrau mynd i nofio'n blygeiniol – codi awr o flaen pawb arall, a chychwyn am Blackrock tua milltir a hanner i ffwrdd. Yn Blackrock, ar ben pellaf y prom yn Salthill, mae twr plymio go uchel a lle i gysgodi rhag yr hin a'r gwyntoedd.

Blackrock oedd man cwrdd clwb y *Polar Bears*. Roedd yn fraint i fi gael fy arddel gan y criw blewog, croendew hwn, a chael allwedd ganddynt i'r stafell newid fechan. Stafell ddidrydan, ddiffenest oedd honno. Prif fantais y stafell oedd cael gadael dillad ynddi. Pan fyddai gwynt mawr yn codi, roedd perygl i ddillad dyn gael eu chwythu i ffwrdd gan y gwynt petaent yn cael eu gadael tu allan. Dim ond dynion oedd yn cael nofio yn Blackrock bryd hynny. Arferiad oedd hynny, nid deddf. Esgob Galway, Dr Micheál Browne, oedd wrth wraidd yr arferiad. Dyn sarrug a surbwch, dyn sobor fel sant. Roedd yn byw mewn palas ar gyrion y dref, a pherllan, llannerch a chi mawr danheddog yn rhan o'i deyrnas. Âi'r esgob i nofio yn y môr a mynnu mynd yn borcyn hefyd, yn floneg esgobol i gyd, a barnu mai pechod fyddai caniatáu i ferched a dynion gydnofio. Yr Esgob Browne oedd y dyn mwyaf dylanwadol yn y dref. Yn y chwedegau, gan fod Galway yn ganolfan i'r esgobaeth, fe drefnodd i eglwys gadeiriol odidog gael ei hadeiladu. Hwn oedd yr adeilad mwyaf syfrdanol yng ngorllewin Iwerddon ar y pryd, gyda tho crwn siâp hanner pêl. Roedd e'n debyg i adeilad enwog yn India, felly yn ffraeth iawn, cafodd ei alw gan bobol y dref yn Taj Micheál. Roedd yr eglwys wedi ei hadeiladu ar safle'r hen garchar, a rhai o gerrig y carchar yn sylfaen i deml yr Iôr. A dyna dro ar fyd.

Esgob neu beidio, erbyn hanner awr wedi saith y bore, byddwn wedi cyrraedd y man newid. Cedwid canhwyllau yno, a chynnau'r gannwyll fyddai'r dasg gyntaf. Tynnu dillad wedyn, ac allan i grombil y tonnau. Un o fanteision eraill Blackrock oedd y gellid nofio yno boed y môr ar drai neu ar lanw. Oherwydd y tŵr, roedd peth cysgod rhag y llif ar un ochr. Ac roedd grisiau'n arwain i lawr i'r dŵr.

Diolch i'r holl gyfleusterau hynny, gallai dyn gyrraedd y drochfa heb golli amser. Roedd hast yn bwysig iawn o ran diogelwch. Tua chwe gradd selsiws yw tymheredd y dŵr pan mae'r môr ar ei oeraf yng ngorllewin Iwerddon ddiwedd Ionawr.

Rhyw ddwy neu dair munud y gall y corff ei oddef mewn dŵr mor oer â hynny. Byddai colli munud neu ddwy yn mingamu dros gerrig neu yn ymwthio trwy'r dŵr bas am y môr agored yn ddigon i beri hypothermia.

Dim ond am gyfnod byr fydd y tymheredd yn chwe gradd, pan mae'r hirlwm ar ei fwyaf gerwin. Rhwng wyth a deuddeg y bydd hi fynychaf yn ystod y gaeaf, a rhwng deuddeg a deunaw gradd weddill y flwyddyn. Yn wir, nid yr oerfel oedd y perygl mwyaf i'r nofiwr profiadol. Dygyfor y môr ar dywydd stormus a thynfa ar lanw mawr oedd y pethau arferol yr oedd yn rhaid ymochel rhagddynt. Ond mellt a chesair wnaeth fy nychryn i yr unig dro y teimlais fod y Bod Mawr ar fin gwneud amdanaf.

Roedd hi'n fore gwyllt yn niwedd yr hydref. Mi godais yn ôl fy arfer a chlywed y glaw yn pwnio yn erbyn y ffenest a'r gwynt yn griddfan. Er gwaetha'r tywydd, roeddwn yn ysu am glywed oglau'r môr. Gwisgo côt law, a meddwl mai gwell fyddai gwisgo welingtwns na sgidiau am ei bod yn pistyllio. Bant â fi ar gefn beic. Erbyn cyrraedd Blackrock, roedd y ddwy welingtwnsen yn llawn dŵr. I mewn â fi i'r newidfa a chynnau'r gannwyll. Roedd y llanw yn weddol uchel, ond roedd hi'n anodd gwybod union lefel y dŵr oherwydd maint y tonnau. Fe welwn rimyn o olau dydd tua'r dwyrain, ond oherwydd y storom roedd hi fel bol buwch.

I mewn â fi i'r dŵr yn ôl yr arfer gan ymddiried yn y canllawiau. Nid dyma'r tro cynta i fi nofio mewn storom, ond roedd eisiau mwy o nerth nag arfer i wrthsefyll ymchwydd y tonnau. Eto i gyd, meddwn wrthyf fy hun, 'dyw'r dŵr ddim yn oer iawn, dyw Calan Gaeaf ddim wedi bod eto'.

Yn sydyn, dyma fellten yn goleuo'r wybren uwch fy mhen. Roedd yr olygfa'n syfrdanol. Gweld cribau'r tonnau yn Gadair Idris o uchel o'm hamgylch, a gweld y cymylau duon yn crynhoi. Tywyllwch wedyn, a mellten arall toc. Gwell mynd mas o'r dŵr, meddyliais. Onid oes perygl o sioc drydan oherwydd y mellt? Nofiais at y lan. Dyna pryd y rhwygwyd bol y cymylau gan arllwys cawod o gesair ar y byd.

Clywais y cesair yn saethu i'r dŵr. Mellten arall nawr. Cesair maint pys bach. A dyna pryd y dechreuais feddwl, beth yn y byd wyt ti'n neud, fachgen? Y dewis oedd aros yn y dŵr i rynnu, boddi a chael fy ffrïo gan y mellt, neu fentro mas a chael fy mlingo gan y cesair. 'Brawd mogi yw tagu,' meddwn wrthyf fy hun. Mas â fi ta p'un. A rhedeg nerth fy nghoesau am y man newid. Doedd Mam ddim yn hapus iawn pan gyrhaeddais yn ôl ar gyfer brecwast yn wlyb domen, a golwg dyn gwyllt o'r coed arnaf. Erbyn un ar ddeg y bore hwnnw, roeddwn yn pendwmpian yn y wers fathemateg ar ôl bod yn herio'r elfennau a chynddaredd y cynfyd cyn toriad y dydd.

Nid fel hynny roedd hi bob dydd, wrth gwrs. A phleser pur oedd nofio erbyn i'r dŵr gynhesu tua mis Mai. Dod mas o'r môr ar ddiwrnod braf o wanwyn a theimlo gwres yr haul, a'r awel yn mwytho'r gwallt. Dyna deimlad heb ei ail. A phan af yn ôl i Blackrock, i draeth Furbo neu Spiddal, neu i'r Traeth Mawr yn Inverin, gwn y bydd y don yn disgwyl amdanaf i'm denu.

Y TRYSOR CUDD AR YNYS CAHIR

Yng ngorllewin Iwerddon, mae'r wybren yn enfawr a'r tir yn stribyn main di-goed rhwng y môr a'r nen. A does unman lle mae'r wybren yn fwy trawiadol nag yng ngogledd Connemara, yn ardal Renvyle, Tullycross a Ballyconneely. Yn yr ardal honno, rhyw hanner can milltir o dref Galway, roeddwn i'n arfer mynd i blymio.

Gwaith fy nhad oedd wrth wraidd yr arferiad. Gwneud ymchwil i fioleg anifeiliaid y môr oedd e ar y pryd, ac fe âi i gasglu samplau er mwyn eu hastudio yn y labordy. Yn fuan, daeth y gwaith yn dipyn o antur inni, ac yn ffordd o ddarganfod dirgelion cantre'r gwaelod.

Roedd Almaenwr newydd ymsefydlu yn Renvyle ar y pryd, a'i fryd ar agor ysgol blymio. Buasai Peter yn blymiwr proffesiynol ym myd diwydiant, yn gosod ceblau teliffon a chasglu samplau i gwmnïau mwyngloddio o waelodion pyllau dwfn. Ond ysai am rywbeth amgenach, a daeth i Connemara i gael byw wrth ei fodd. Trigai mewn hen ysgoldy o'r enw Eagle's Nest ar ystlys Mynydd Tully ar bwys bae Renvyle lle roedd ganddo gwch ar angor, storfa a stafelloedd newid yn y gwesty gerllaw.

Ym mae Renvyle, mae cadwyn o ynysoedd bychain mewn hanner cylch. Rhai yn llechfannau anghyfannedd, a rhai yn borfeydd tymhorol. Rhai megis Inishark, yn gartrefi i'r cenedlaethau gynt a'u tai erbyn hyn wedi hen ddadfeilio, a rhai megis Inishturk, yn aelwyd o hyd i boblogaeth falch. Tua'r gogledd, ar y ffin â Mayo, mae mynydd Mweelrea yn gwylio'r byd fel cawr blin ar ei gwrcwd.

Colli'r iaith fu tynged yr ardal hon ar ôl y newyn mawr ganol y bedwaredd ganrif ar bymtheg, a rhywsut roedd Saesneg y fro yn dal yn beth dierth. Gwisgai'r bobol eu tipyn Saesneg fel plentyn yn gwisgo côt ei frawd – y llewys braidd yn hir, a'r ysgwyddau naill ai'n rhy dynn, neu'n llaes ac yn lletchwith.

Ddechrau mis Medi oedd yr adeg orau i blymio, pan oedd y dŵr ar ei fwyaf croyw. Yn y gaeaf, wrth i'r gwyntoedd gorddi'r môr, byddai'r dŵr yn llawn tywod mân a thameidiau o wymon a byddai'n anodd gweld dim. Yn y gwanwyn, erbyn i'r hindda ddod, byddai twf y plancton yn troi'r dŵr yn wawr llaethog, a hynny'n ei gwneud yn amhosib gweld ymhell o dan yr wyneb.

Ar ben hynny, ym mis Medi yr oedd y môr ar ei dwymaf. Roedd cyfuniad o wres yr haul a golau hirddydd haf yn codi'r tymheredd uwchben deunaw gradd. Ond ansefydlog iawn yw'r amgylchiadau delfrydol i'r plymiwr. Erbyn wythnos olaf Medi, bydd lleuad lawn y gyhydnos yn peri tymestl, a hynny'n corddi'r tonnau'n grochan berw. Ac wedi iddi ostegu drachefn, bydd y dydd wedi hen fyrhau, a'r gaeaf yntau ar y rhiniog eilwaith.

Tua diwedd yr haf felly, trefnodd Peter, fy nhad a minnau fynd i Ynys Cahir ar bwys Inishturk. Yn ôl yr hanes lleol, roedd mynachlog ar yr ynys yn yr Oesoedd Canol, a gafodd ei goresgyn a'i hysbeilio gan fôr-ladron. Yn hytrach na gadael i'r rheibwyr fachu eu holl gyfoeth, roedd yn well gan y mynachod daflu eu llestri aur i'r llyn cyfagos. Ein bwriad ni y diwrnod hwnnw oedd glanio ar yr ynys, a mentro i hen ddyfroedd y llyn, gan obeithio canfod y gwir.

Roedd lle i roi coel ar yr hen stori am y trysor hefyd. Yn un peth, tystiai enw'r ynys i fodolaeth annedd o ryw fath yn y gorffennol, gan mai ystyr *cahir* yw 'caer'. Yn fwy na hynny, bu mynachod yn byw ar ynysoedd eraill yn yr ardal. Yn yr wythfed ganrif roedd High Island yn enwog y tu hwnt i diroedd Iwerddon, oherwydd deuai rhai o'r mynachod yno o Lindisfarne yng ngogledd Lloegr. Ac ar Ynysoedd Aran tua'r de, bu Éanna, Caomhan ac eraill yn rhoi mawl i'w Creawdwr.

Gwaith hanner awr yw hi o draeth Renvyle i Ynys Cahir yn y cwch deunaw troedfedd oedd gan Peter. Nid oes cei ar yr ynys, felly fe groeson ni o'r tir mawr yn y Zodiac. Llwytho'r cwch rwber chwim â phopeth y byddai ei angen: y poteli aer, y gwisgoedd plymio, sach bwrpasol bob un, rhaffau, lamp, a chynhaliaeth am y dydd. Ffwrdd â ni ar wib dros y bae a swch y bad yn codi'n serth o'n blaenau bob tro y byddai'n taro ton, a chwympo'n glatshen fawr ar wyneb y dŵr wrth dorri cwys.

Siâp morfil yw Ynys Cahir o bell. Talcen uchel y clogwyni uwchben y lli, cefn llyfn ar oleddf am i lawr, a'r cwt rhywle o dan y dŵr. Ar yr ochr uchaf mae'r llyn bach yr oeddem yn anelu ato, ac wrth gwrs, ger y cwt yr oedd y lanfa. Roedd rhaid cario'r poteli trwm lan yr allt felly, a hithau'n ddiwrnod poeth, ond fe wisgom ein gwisgoedd rwber yn hytrach na'u cario.

Roedd golygfa fendigedig o ael y morfil, ond roedd ein sylw ni bellach ar yr hyn y gobeithiem ei ddarganfod yn ei berfedd. Ymestynnai'r pwll o'n blaen. Llai na hanner canllath o led ydoedd, a'r dŵr yn llonydd. Codi'r poteli aer ar ein cefnau nesaf, a cherdded i mewn i'r llyn. Pa mor ddwfn oedd e, tybed? Pum metr, deg, mwy efallai? Siom a gafwyd. Ac nid siom ar yr ochr orau chwaith. Ar ôl yr holl gynllunio a'r holl gario, dyna'r tri ohonom yn sefyll yng nghanol y llyn mewn dwy droedfedd o ddŵr a hwnnw'n fwd hyd at y migwrn. Edrychom ar ein gilydd yn syn. A dechrau chwerthin nes i'r dagrau lifo.

Efallai bod hanes y trysor yn wir, ond beth bynnag am hynny – roedd gweld ein gilydd yn ynfyd iawn yr olwg yn sefyll yn y llaid a photeli mawr, afrosgo ar ein cefnau yn barod i blymio i'r dyfnderoedd yn destun hwyl cystal â gorfoledd darganfod creiriau drud o'r amser gynt. Bu'r helfa'n ofer ond, serch hynny, yn llawen ac nid yn ddigalon yr aeth y tri ohonom tua thref.

Bu gwell dyddiau plymio hefyd. Ac nid gwylio pysgod amryliw oedd y wefr fwyaf. Pleser plymio yw gweld pelydrau'r haul yn pefrio yn y dŵr hallt ac yn ymestyn fel bysedd hir a main, eisiau cyffwrdd â'r gwaelod. A'r gwymon yn dal, yn ystwyth ac yn llawn rhodres wrth chwifio'i freichiau'n bwyllog yn y llif. Pan welwn y gwymon yn llysnafedd ar drai ar y traeth, mae'n anodd dychmygu'r ffordd y bydd yn codi'n fyw ac yn dawnsio wedyn. Ond efallai mai'r tawelwch sydd orau gen i. O dan y dŵr, does dim o ddwndwr di-baid y byd. Sŵn modur cwch yn bell, bell ambell waith efallai ond, fel arall, bro tangnefedd sydd o dan y don.

## GWLAD YR EOG

Yn chwedloniaeth Iwerddon, pysgodyn goruwchnaturiol yw'r eog. Ystyr hynny yw bod ganddo ddawn darogan. Yn y Wyddeleg, 'an bradán feasa' yw'r ymadrodd sy'n disgrifio'r eog a'i gynneddf. Yng Nghymru gynt, cysylltid y ddawn hon â'r dyn neu â'r wraig hysbys. Ac yn Iwerddon yn yr un modd, roedd y *bean feasa* yn gymeriad mawr ei glod yng nghefn gwlad ers llawer dydd. Adlewyrchid pwysigrwydd yr eog yn nhraddodiad y Wyddeleg pan ddewiswyd llun y pysgodyn i'w roi ar y darn deg ceiniog. Roedd y chwedloniaeth yn cael ei throsglwyddo o boced i boced ac o bwrs i bwrs wedyn. Wrth gwrs, nid yr eog oedd yr unig greadur y gwelid darlun ohono ar arian Iwerddon: llun tarw oedd ar y darn pum ceiniog, iâr ar y geiniog, ac yn y blaen. Ers i'r Ewro gael ei fabwysiadu yn 2002, cafodd yr anifeiliaid eu disodli, a'r delyn yw'r symbol safonol ar Ewros Iwerddon erbyn hyn. Yn ddiweddar, mi ddes ar draws darn pum ceiniog yn y bocs hen bethau. Gwenais. Mae delwedd tarw ar arian bath yn perthyn i'r oes a fu.

Yn ogystal â bod yn bysgodyn chwedlonol, daeth yr eog yn rhan o ddrych fy mebyd i. Yn Galway, y Salmon Weir yw enw'r bont o flaen yr eglwys gadeiriol sy'n arwain i ganol y ddinas. Ers canrifoedd lawer, dyma hynt yr eog i fyny i Lough Corrib. Dywedir iddynt fod mor niferus ar un adeg nes y gallai dyn gerdded yn groes i'r afon ar eu cefnau. Bob blwyddyn, safwn ar y bont i wylio'r pysgotwyr dyfal wrth eu gwaith, rhai hyd at eu bogeiliau yn y dŵr yn ceisio denu brenin yr afonydd â'r abwyd. Byddai torf yn ymgynnull ambell waith gan obeithio gweld y llafnau'n fflachio dan wyneb y dŵr gan fod y pysgod yn aros am y glaw mawr a'r llif er mwyn bwrw naid dros y gored uchel.

Ddwy waith yn unig y cofiaf weld haig o samwns yn dod o'r môr. Wyth oed oeddwn i pan aethom i afon Boluisce yn Spiddal tua phymtheg milltir o'n cartref yn y dref. Afon fach yw hi sy'n llifo am ryw bum milltir o lyn tawel ar y mynydd i lawr i fae Galway. Tua thair milltir o'r heli, mae rhaeadr tua deuddeg troedfedd o uchder. Wedi cerdded trwy'r coed derw, cyrraedd llannerch ar y geulan ac eistedd ar lechen lydan uwchben y dŵr, roedd rhu y rhaeadr yn fyddarol a'r dŵr yn ferw o eogiaid. Arhosom yno i'w gwylio'n neidio, yn syrthio yn ôl er gwaethaf yr ymdrech, ac yn dyfalbarhau nes llwyddo. 'Uchaf y naid po ddyfnaf y pwll', meddai'r ddihareb.

Yn Ballyshannon yn ne swydd Donegal y gwelais yr eogiaid yr ail waith. Saif y dref ar y ffin naturiol rhwng Connacht a gorllewin Ulster, sef afon Erne. Mae aber yr Erne yn fae enfawr sy'n gwagio ar drai, ac yn llenwi ar ras wyllt pan fydd y môr yn codi drachefn. Mae'r cei yn dyst i'r ffaith y bu tipyn o lynges yn bwrw angor yng ngenau'r afon ers llawer dydd. Ac o'r cei hwnnw yr hwyliai cannoedd o alltudion am y byd newydd yn y bedwaredd ganrif ar bymtheg, gan ffarwelio am byth â chynefin eu hynafiaid. Erbyn cyrraedd glannau America, caledi a arhosai lawer o'r sawl na fu farw ar y fordaith. Cael eu perswadio i ymuno â'r fyddin fu hanes rhai, a chael eu lladd yn y Rhyfel Cartref heb ddeall fawr ddim amdano.

A finnau'n grwt deg oed, lle tawel oedd y cei yn Ballyshannon. Ymestynnai'r tywod a'r twyni tua'r cefnfor pell gan awgrymu pam bod yr harbwr yn segur ac yn ddifasnach bellach. Roedd y dŵr yn rhy fas i'r cychod mawr fentro i'w fynwes. A sawl capten wedi melltithio'r fan wedi i'w long gael ei dal yn y gwaelodion. Mae hen borthladd Ballyshannon yn debyg iawn i borthladd Aberteifi yn hynny o beth. Y tywod oedd y gelyn. Ac aflwyddiant fu hanes y ddau le ers dechrau oes yr ager.

Ond daw'r eogiaid i'r naill borthladd a'r llall eto. Yn Ballyshannon, hanner milltir o'r cei, y mae Assaroe – y rhaeadr goch. Rhuddgoch yw lliw'r dyfroedd sy'n llifo o'r corstir ac o'r llyn ar y ffin rhwng Donegal a Derry. A'r rhaeadr goch oedd campfa'r eog wrth iddo chwennych cyrraedd Lough Erne a bwrw'i had cyn dychwelyd i'r môr wedi'r haf.

Efallai mai blas y dŵr croyw sy'n gyrru'r eogiaid yn feddw. Ond wrth iddynt nesáu at y nod, gan wybod yn reddfol rywsut bod perygl mawr o'u blaenau eto, mae twymyn wyllt yn cydio ynddyn nhw. Efallai mai chwant bwyd a helfa'r sildynnod sydd yn peri iddynt fagu nerth. Beth bynnag yw'r esboniad gwyddonol, un diwrnod, rywbryd yn ystod 1975, mi welais ugeiniau o eogiaid mawr yn corddi'r dŵr ac yn neidio'n orwyllt lle mae'r Erne yn ymdoddi i'r Iwerydd. Codai rhai o'r dŵr o fewn troedfeddi i'r lan ac mi welwn eu safnau yn agor a lliwiau'r enfys yn borffor ac yn goch ar eu cefnau bras, a'r cwt arian yn crynu fel llais hen bregethwr yn codi hwyl. Petasai rhwyd gen i, byddai ei llond hi gen i mewn dim o dro. Ond gwylio'n syn wnes i, gwylio trwy'r bore, a gwylio nes i'r llanw droi.

Ers tua ugain mlynedd, nid yw'r eogiaid mor niferus ag yr oeddynt yn arfer bod. Beth tybed fydd eu hanes wrth i'r eigion gynhesu? Amser a ddengys. Ond fe wyddom hyn: nid yn Iwerddon yn unig y bu'r eog yn bysgodyn chwedlonol. Yn y chwedl Gymraeg Culhwch ac Olwen, Eog Llyn Llyw sy'n arwain gwŷr Arthur i garchar Mabon fab Modron ar lan afon Hafren ger Caerloyw. Gwylio'r pysgod y bûm i yn afon Boluisce ac ar gei Ballyshannon. Ond bryd arall byddai'r wialen yn barod gen i eto. Aem i Lough Erne droeon yn ystod y gwyliau, ond yn ardal Galway yr oeddem yn pysgota ran fynychaf. Rhwng y moelydd bychain ar y corstir llwm rhwng Spiddal a Moycullen, mae dwsinau o lynnoedd iasoer a thywyll. Llynnoedd bychain gwasgaredig fel gleiniau mwclis, llynnoedd na wyddai neb mo'u henwau ond trigolion hynaf y plwyf. Patsy a'i chwaer, er enghraifft, oedd yn byw ill dau yn syml iawn, heb fod yn gyntefig nac yn wael eu byd, mewn llecyn bach o'r enw Doire Thoirc, sef Deri'r Twrch, ar bwys Tulach na nUan – Tyle'r Ŵyn. Roedd Patsy yn llogi cychod rhwyfo, ac yn siarad Gwyddeleg â Nhad. Nid oes na nant nac afon yn llifo o Doire Thoirc i'r môr. Ac oherwydd hynny, pysgod dŵr croyw yn unig oedd yn llynnoedd y mynydd-dir, y brithyll coch yn anad dim. Hen bysgod bach tua chwe, saith neu wyth modfedd eu hyd, a'u croen symudliw, cochaidd yn unlliw â'r gors rhuddgoch a'r mawndir melyn lliw mwstard.

Roedd pysgota yn y llynnoedd llonydd yn ddihangfa o glecs a gwleidyddiaeth y dref inni. Rywsut, nid oedd yr hen ddyddyn ar y mynydd wedi colli ei arwyddocâd. Roedd yn gyrchfan i'r sawl sy'n blino ar y ddinas. Ac yma mae'r hen wladwr diymhongar. Dyn yr ydym ni yn parchu ei wreiddioldeb, ac yn edmygu ei unigrwydd. A synnu'i fod yn fodlon ei fyd tra'n bod ni'n byw'n fras ac yn poeni am y dyfodol, ac amheuon y byd cyfoes yn cnoi'r cydwybod ac yn crafu'r enaid. Ac wrth i'r gwyll agor ei ddwrn a gollwng huddygl y nos dros y rhosydd, safai fy nhad yn sgwrsio yn eiddgar â Patsy yn ei Wyddeleg ysgol ansicr ei thafodiaith, a Patsy yntau, yr hen wladwr diffuant, yn traethu'n rhugl am dreigl y tymhorau yn ei Wyddeleg gloyw, glân, pum canrif oed. Dal dau frithyll mân yn fy nwrn bach yr oeddwn i, a gwawr angau dros eu llygaid, a'u perfedd yn dechrau llacio a threiglo dros gledr fy llaw. Mynd o'r diwedd wedi ymddiddan y dynion, a sylweddoli, ar ôl cynnau golau'r car ei bod hi wedi nosi, a'r lleuad hithau yn boladreiglo dros y gorwel yn hen ac yn sanctaidd.

Coda'r brithyll o'r gwaelodion i lyncu'r abwyd. Codi o'r isfyd hyd at wyneb y dŵr, codi er mwyn ceisio ymborth, er mwyn pryfeta a hel clêr, ac wedyn ailddiflannu. Tebyg iawn yw'r atgofion ym mhwll diwaelod y meddwl – atgofion sydd wedi'u hen gladdu o dan lif a lloffion amser. Codi mae'r atgofion hefyd, codi ar wib i'r wyneb dim ond i'r abwyd eu deffro, dim ond i'w natur gael ei ysgogi a'i brocio. Codi yn annisgwyl o'r perfeddion dulas, a thorri wyneb y dŵr yn sŵn ac yn fflach i gyd. Hwyrach nad atgofion yw popeth sy'n tarddu yn yr isymwybod. Onid cofio'r freuddwyd y byddwn pan welwn y fflach o flaen ein llygaid a meddwl, bûm yma eisoes? Am flynyddau, deuai breuddwydion am Deri'r Twrch i gnocio ar y drws a finnau'n cysgu. Gwelwn y fan a'r lle yn gwawrio ar y gorwel a finnau yno gyda'r wialen yn pysgota, ac yn bachu atgofion.

Flynyddoedd yn ddiweddarach, penderfynodd fy nhad a minnau fynd am dro i Dderi'r Twrch. Roedd Patsy a'i chwaer wedi hen fynd i'w beddau, a'r tŷ twt ar y foel wedi mynd â'i ben iddo. Roedd hi'n ddiwrnod crasboeth o haf, a'r awyr fel ffwrn agored ar y ffordd i lawr o'r uchelderau anghyfannedd. Erbyn i fae Galway ddod i'r olwg, gwelsom olygfa bur wefreiddiol ac anghyffredin yn y môr: mynyddoedd Kerry.

Unwaith yn y pedwar amser y gwelir Kerry o orllewin Galway. Mae tros bedwar ugain milltir o bellter rhwng y ddwy sir, yr un pellter ag sydd rhwng Llangefni a Dulyn, neu Lanbedr Pont Steffan a Chaerdydd. Ond pan fydd y tywydd yn neilltuol o glir, a hynny ar des mawr gan amlaf, mae Mount Brandon yn ymddangos rhwng Inisheer a Clare – yn ymddangos fel cantre'r gwaelod, yn codi i'r wyneb fel pysgodyn ar ei gythlwng, codi fel atgof eisiau'i arddel, codi fel ysbryd eisiau cartref. Y diwrnod yr aethom yn ôl i Dderi'r Twrch, roedd yr atgofion i gyd wedi'u dinoethi. Roedd yr isymwybod a'r synhwyrau'n gyfun yng ngwres llethol yr hafddydd.

Unwaith yn y pedwar amser y gwelir Mount Brandon o gorstir Spiddal, ac unwaith yn y pedwar amser y gwelir Iwerddon o lethrau uchel Ceredigion. Ac yn wir, pan ddaethom adref y noson honno, heb yr un brithyll i'w ffrio y tro hwn, wedi ailymweld â physgodfan fy mreuddwydion ac wedi gweld Mount Brandon yn codi o isymwybod y môr, dyma alwad ffôn o Gymru i ddweud bod Iwerddon wedi cael ei gweld yr union brynhawn hwnnw.

Ni welais Iwerddon wedi hynny o lethrau uchel Ceredigion, ond rwy'n gobeithio gwneud hynny pan fydd yr haf yn ei anterth eleni, a'r awyr yn crasu fel ffwrnais. Fe fydd yr isymwybod a'r synhwyrau'n gyfun eto, ac fe fydd Ceredigion a mynyddoedd Wicklow, Cymru ac Iwerddon, yn toddi yn un fel dwy gannwyll o flaen tanllwyth o dân. Ac mi gofiaf am Dderi'r Twrch a'r fflach yn y dyfroedd dulas wrth i frithyll bach o atgof godi i geisio'r abwyd. Mi gofiaf y siwmper wlân wen wnaeth Mam-gu i fi yn gorwedd yn ei phlyg ar lannau Lough Erne, ar y ffin rhwng Donegal a Fermanagh, rhwng Iwerddon a theyrnas y Goron. Y ffin rhwng Iwerddon a Chymru wedi cau. A bois Llambed yn y gatrawd Gymreig yn gwarchod y teulu rhag trais a therfysg ger Belleek.

## CARIO CWCH COCH

Er gwaethaf fy ymdrechion, aros yn fy unfan yn y llif yr oeddwn i. Hyd braich i'r dde, roedd hafan a diogelwch y lan petawn yn gorflino, ond doedd dim peryg o hynny eto. Yr hyn oedd wedi fy synnu oedd y dynfa fawr yng ngenau'r aber, a'r croeslifo wrth i sawl ffrwd gwrdd ac ymdroelli yn ei gilydd gan greu trobwll bychan yma ac acw. Llifo fel afon ar ôl glaw mawr oedd y llanw. A minnau'n padlan yn ddigon awchus, ond yn ofer braidd.

Eisiau mynd yn groes i'r llif – dyna oedd gwreiddyn y drwg. Anelu at ochr draw y bae oedd y bwriad, a'r lan gyferbyn yn Connemara, brin hanner milltir i ffwrdd. Deuai ambell wylan heibio yn watwarus. Ar y cerrig moelion a ddatgelwyd gan y trai, safai ambell fôr-wennol yn wyliadwrus ond yn ddigyffro. Dim sŵn yn unman. Tu ôl i mi roedd cnwc mawr Camus, penrhyn Rosmuc, gerllaw tua'r de, ac yn is i lawr gorweddai bae Beirtreach Bhuí a'r cefnfor tu hwnt i hwnnw.

Wedi clymu'r ceufad ar do'r car ynghynt y diwrnod hwnnw, fe benderfynais fentro i berfeddion Connemara am dro. Taro mewn i weld hen ffrind a gofyn iddo a oedd man addas i fwrw'r cwch bach i'r dŵr. Gwnaeth Seán fy hebrwng i'r cei bach tawel a dweud wrthyf am groesi'r culfor a dilyn y lan wedyn nes cyrraedd y bont ar bwys y tŷ.

O ben y bryn uwchben y cei, gwelem y wlad o'n cwmpas. Y creigiau noeth, y welydd cerrig twt, yr wybren anferth lwydlas, a'r tai yn y pellter heb ddim patrwm i'w lleoliad ac eithrio'r ffaith eu bod, gan mwyaf, yng nghanol llain o dir glasach na'r gors a'r mawndir cyfagos. Amgylchynai clwstwr o goed rai ohonynt, ac yn eu plith roedd tŷ Seán. Anelu at hwnnw y byddai angen ei wneud felly, unwaith y byddwn ar y dŵr. Erbyn mynd lawr i'r cwm, fodd bynnag, eistedd yn y ceufad hirfain parod ac ymwthio o'r lan, a phlannu'r rhwyfbren yn y dŵr rhyw ddwsin o weithiau, bu gweddnewid ar fy myd bach. Arferwn geufadan mewn ardal arall lle ymestynnai'r lan yn syth ac yn ddi-fwlch am filltiroedd lawer. Yn yr ardal honno, gwelwn eglwys y plwyf o'm blaen, a'r melinau gwynt a gawsai eu codi ar Bóthar Buí ar bwys Leithrinn yn fodd i fi fesur hyd y daith adref. Ond rhwng Camus a Ros Muc, roedd yr arfordir yn llawn twyll ac ystryw. Ac oherwydd cryfder annisgwyl y ffrwd, dyma fi'n dechrau meddwl, 'Nawr 'te, pwyll piau hi'.

Ystyried y gwahanol ddewisiadau: dyna sydd ei angen mae'n debyg pan fydd hi'n ddu ar ddyn. Troi rownd a glanio yn y cei bach a rhoi'r ffidil yn y to? Ynteu ymdrechu'n deg a dianc o grafangau'r llanw i gael gweld y rhagolygon erbyn cyrraedd y dŵr agored? Byddai troi'n ôl yn ddewis cwbl saff a chwbl ddiflas. I'r gad felly. Ac o fewn pum munud roeddwn hanner ffordd ar draws y culfor.

Mae pum munud yn amser sylweddol mewn ceufad ar y môr pan fydd dyn yn gweithio nerth ei freichiau. Yn ystod y pum munud hynny, mae'n rhaid bod ochr ddeheuol y foel gyferbyn wedi dod yn nes na'r ochr ogleddol yr oeddwn wedi bod yn anelu tuag ati'n wreiddiol. Yn ddiarwybod i mi fy hun, roeddwn wedi newid fy nghyfeiriad.

Yn fuan wedyn felly, gwelwn y lan ar y chwith yn hytrach na'r dde yn ôl y disgwyl, ac roedd hynny'n peri peth dryswch i mi. Ond roedd hi'n brynhawn braf, a phopeth yn hyfryd iawn, heblaw am y ffaith mod i'n prysur fynd ar gyfeiliorn. A gwyddwn hynny hefyd. Ond hwyrach y deuai ysbrydoliaeth o rywle. Yn y cyfamser, mwynhau oedd i fod oherwydd doed a ddelo, hyd yn oed petawn yn gorfod glanio'n ddiamcan, nid oeddwn mewn perygl yn y byd.

Un peth oedd yn mynd â'm sylw yn awr. Ar y dde, yr ochr draw i'r lan gyfagos, fe welwn y dŵr yn disgleirio yn yr heulwen. Meddyliais, dim ond i fi lanio nawr a chario'r cwch dros y tipyn corstir, a'i fwrw i'r dŵr sy'n disgleirio yn yr heulwen ochr draw, mi fyddaf ar yr ochr iawn i'r hen foel a buan y daw tŷ Seán i'r golwg.

Nid peth trwm ofnadwy yw ceufad plastig, ond peth go letchwith i'w gario a straffaglu ar draws cors byllog, dyllog ac anwastad. Mae cerdded ar draws cors heb gario dim yn ddigon peryglus. Hawdd i'r teithiwr syrthio i'r merddwr, ysigo migwrn, colli'r ffordd, llewygu... Ond ymhen hir a hwyr, dyma fi'n cyrraedd y dŵr unwaith eto.

Roeddwn yn ei weld yn ddŵr llonydd iawn. Yn wir, nid oedd na ffrwd na llif, llanw na thrai yn cydio yn ffrwyn neu yng nghwt y ceufad ac yn peri gwaith llywio i'r morwr. Hwyliais heibio i ddau alarch a'r adar yn pendwmpian ar nyth maint olwyn cart. Teimlais wres yr haul ar fy ngwar a sylweddoli bod awel y môr wedi gwanhau. Doedd dim rhyfedd – wedi cerdded dros y gors i ryw damaid o lyn caeedig yr oeddwn i. Roedd yn rhaid wynebu'r ffeithiau: roedd pethau'n gwaethygu.

A finnau'n foi-cario-cychod-ar-draws-corsydd gweddol brofiadol erbyn hyn, mi benderfynais, ar ôl ystyried y dewisiadau unwaith eto, mai canu'n iach â'r elyrch a'u llyn mwll, diawel fyddai raid. Er mwyn cyflawni hynny o gamp, mi benderfynais mai codi'r cwch ar fy nghefn unwaith eto fyddai orau. Gyda lwc, cyrhaeddais yr heol toc. Cuddiais y caiac yn y llwyni, a dechrau cerdded.

Gwyddwn mai dyma oedd yr heol gefn o An Cheathrú Rua i Camus, mai i'r chwith y dylwn droi, ac y byddwn i'n cyrraedd y bont fach ar bwys tŷ Seán maes o law. A ffwrdd â fi'n ddibryder iawn. Cofiaf glywed y gwcw yn uchel ei deunod, a llais soprano'r ehedydd yn drydan i gyd yn yr entrychion. A gweld Seán druan cyn bo hir. Roedd ar y bont ger y tŷ yn gwylio'r môr tua'r gogledd, ac nid heb ofid chwaith. Gwaeddais a chodi llaw arno. Fe ddaeth i gwrdd â fi. 'Ble fuest ti, achan? Lle mae'r cwch gyda ti?' 'Yn y llwyni ar bwys y llyn. Ces i fy nal gan y llif, a glanio wedyn, a cherdded.' 'Dwyt ti ddim hanner call.' Es i'r tŷ i newid ac i gael te.

Taro post i'r pared glywed yr oeddwn i wedi'i wneud y diwrnod hwnnw wrth gerdded ar draws y gors, achos yn Iwerddon, mae'r bobol yn graff. 'Gweld mae'r muriau, a chlywed mae'r cloddiau,' meddai'r Gwyddel. Ac wrth gwrs, all neb mewn siwt rwber gario ceufad coch llachar o gors i gors heb dynnu sylw. Roedd rhywun wedi fy ngweld. Ond yn anuniongyrchol y clywais am hynny ymhen diwrnod neu ddau. Ffrind i fi drideg millitr i ffwrdd oedd wedi cael gwybod bod dyn o'i gof wedi mynd ar ddisberod yn Camus, ac mai caiac coch oedd ganddo.

Y peth cyntaf a ddywedodd y cyfaill wrthyf pan gwrddom yn ystod yr wythnos oedd: 'Ti oedd e, yntefe?' 'Be?' meddwn i. 'Yn y caiac coch, yn Camus ddydd Sadwrn.' Doedd dim gwerth gwadu. 'Chwerthais i ddim gymaint ers blynyddau,' meddai, gyda phwl arall yn bwgwth ei dagu wrth feddwl am y peth.

Fy hen fam-gu a thad-cu, Elizabeth a
Richard Jones, gydag un o'u hwyrion ger
Taliesin, 1933.

Fi yn 1967 – Gwyddel ffyrnig a'i ffon *hurley*,
gêm draddodiadol Wyddelig.

Geni awen y bardd talcen slip, 1970.

Caffi Conti's, Llambed, lle treuliais sawl awr ddifyr ar fy ngwyliau yng Nghymru.

Magu blas am bysgota, ychydig cyn colli'r siwmper ar lannau Lough Erne, 1971.

Yr eglwys, yr ysgol a'r dafarn – y prif ddylanwadau ar un stryd.

Y Spanish Arch: cafodd y cei a'r bwa eu henwi yn sgil masnachwyr o Sbaen a arferai fynychu'r dref yn yr unfed ganrif ar bymtheg.

Dau *hooker*, cychod traddodiadol Galway, fu unwaith mor bwysig wrth gludo nwyddau.

Blackrock, y man lle byddwn yn nofio ym mhob tywydd.

Yr Eglwys Gadeiriol a'r bont dros afon Corrib yn Galway, cefndir tirlun fy mhlentyndod.

Criw eiddgar o Gymru'n barod i ddysgu'r Wyddeleg,
Cairde Cymru, Cill Chiaráin, 1991.

Cairde Cymru, 1991. Dafydd Bates, yn y got werdd ar y dde,
yw'r ddafad golledig a adferwyd i'r gorlan.

Iwerddon heddiw: Aisling Johnson, fy merch hynaf, yn tynnu sylw at yr arwydd ffordd uniaith Wyddeleg yn Connemara.

Iwerddon ddoe: Tincar a'i geffyl yn Ffair Geffylau Ballinasloe, Galway.
Llun gan Sebastian McBride.

The Crane Bar, lle bwriais fy mhrentisiaeth gerddorol.

Y pibydd yn hudo'r adar mewn cae yng Ngheredigion.

Ailymweld â hen gynefin.

Mwynhau *fish-a-chips* yn Portland Place, Aberystwyth, 1975.

# Treigl y Tymhorau

I ni blant yn Iwerddon gynt, roedd y flwyddyn yn hael ac yn rhadlon ei rhodd. Buan iawn y deuai'n bryd paratoi unwaith eto at achlysur arbennig, ac roedd gan bob tymor ei uchafbwyntiau y cysylltid hwy ag arferion nodedig. Dethlir rhai ohonynt ymhob gwlad – y gwyliau eglwysig, er enghraifft, gan gynnwys y Nadolig neu Ŵyl Sant Padrig, hithau'n hysbys erbyn hyn i bawb. Ond roedd gwyliau eraill yn fwy arbennig, ac roedd i rai ohonynt arwyddocâd hynafol a phaganaidd.

## PURDAN YR HYDREF

Noson hud a lledrith y byddai hir ddisgwyl amdani bob blwyddyn oedd Calan Gaeaf, a phrin y byddem wedi dychwelyd i'r ysgol ar ôl hoe hirfelyn yr haf cyn dechrau sôn yn frwd am hel coed at y tân mawr. Ble byddai'r tân eleni? Ai yn yr hen adfail oedd â'r graffiti 'Up the IRA' ar draws ei thalcen? Ai yn y cae cefn ynteu, yn haerllug iawn, yng nghanol y maes chwarae ar bwys y tai gwyliadwrus? A phwy oedd yn nabod brawd boi'r garej i gael gafael mewn teiars tew, tew, tew? Achos teiars oedd y rhuban coch, y testun balchder a'r bluen yn het pob tîm coelcerth. A phe byddai teiar tractor ar gael byddai'r un gafodd hwnnw yn uchel iawn ei barch am bythefnos gyfan – neu efallai tan y Nadolig hyd yn oed.

Wrth i'r dyddiau fyrhau, ein gwaith ni wedi dod adre o'r ysgol fyddai mynd i chwilio am bren yn y brwysg-goed ar y tir anial rhwng y stadau newydd. Dod o hyd i ystyllod sbâr a thocio ambell gangen ddigon crin yr olwg, a hel darnau mân o bren sych yr oedd yr adeiladwyr wedi'u gadael ar eu hôl. Mentro hyd at iard Higgins ar dir neb a phwy a ŵyr, efallai byddai hen *pallet* neu ddau yn pwyso yn erbyn y tanc olew mas y bac. Dyna fyddai trysor. Ond rhaid gochel rhag y bleiddiaid, a phob plismon blin, a'r wraig weddw yn sefyll yn stond fel delw wydr yn ffenest tŷ rhif 1 â'i threm ymhell, ond eto i gyd yn dreiddgar ac yn iasoer. Cludo'r tanwydd drud wedyn bob yn gowlaid, bob yn geseilaid, hyd at y guddfan na wyddai neb arall amdani; a'i guddio'n dwt, ei gladdu dan arfwisg o hen ddail oedd yn dechrau madru. A'i gadw'n gyfrinach fawr rhag i neb arall ei fachu ac elwa ar ein llafur, a brolio a chael dawnsio'n ddigywilydd yn y gwres pan ddeuai'r noson fawr a ninnau ar ein colled wedi'r ymdrech fawr. Ac wedi'r helfa a'r gladdfa, chwythu ar ddwylo oergoch, a rhegi pan fyddai'r drain yn cydio ynom, neu gwaeth fyth, hen hoelen gethin. Wedi hynny i gyd, mynd adre yn hwyr fel y frân.

Byddai Calan Gaeaf yn noson fflamau a mwg wedyn, a llond yr awyr frigoer o fonllefau'r tymor. Noson cysgodion ar y stepen drws yn bwhwmian canu dan eu penwisgoedd pantomeim piws a phygddu. Noson cawodydd rheibus eisiau diffodd nwyd holl blant y byd. Noson gwreichion gwancus yn tasgu dros y fedwen foel fawreddog a deifio'i brigau brau yn dost. Noson wî-wâ-wî-wâ yr injan dân ym mherfeddion y dref islaw yn cyrchu rhyw goelcerth yr oedd ei fysedd chwilboeth wedi gafael ym mondo sièd bren neu yng nghwt y clawdd cyfagos. Noson oglau teiars yn llosgi'n ulw, yn taflu a phoeri aflendid at y sêr, a hwythau'n wincio'n syn arnom oddi fry, fel llygaid teithwyr mewn bws dau lawr.

Ar Galan Gaeaf mae pyrth Annwn yn agor eu crombil. Mae ellyllon, bwganod a holl ysbrydion caeth yr isfyd yn achub eu cyfle i grwydro'r byd hwn yn ddilyffethair am un noson fach. Daw Gwyn ap Nudd i holi eu hynt, a chŵn y perfeddion yn ysgyrnygu ar ei sodlau. Daw pob gwrach a hunodd yn anesmwyth erioed i wibio ar draws yr wybren pan fydd fflach olaf yr haf yn darfod, a chysgodion cyntaf yr hirlwm yn ymledu dros wyneb y tir. A'r funud honno, gyda machlud haul ar yr unfed ar ddeg ar hugain o fis Hydref, pan dderfydd golau, gobaith a gwres, a phan fydd

argoel nychdod, angau a gaeaf ar y trothwy, y funud honno y
mae cynnau coelcerth Calan Gaeaf. Y funud honno yw dechrau'r
flwyddyn Geltaidd. Y funud honno dan y wawr, diddymir y
ffiniau rhwng byd y meidrolion a byd yr anfeidrolion.

I'r plantos llygadrwth oedd yn rhy ifanc i grwydro'r byd law
yn llaw â theulu Annwn, noson afalau a chnau oedd Calan Gaeaf.
Noson aros ar eu traed tan hanner awr wedi naw, a chael gwneud
sŵn aflafar ysbrydion drwg ym mhob cwr o'r tŷ. A dyma'r gloch
yn canu, a Mam yn camu ymlaen i agor y drws:

> Get up ol' woman an' shake your feathers,
> do not think that we are beggars,
> we only come but once a year,
> and when we do we want our share.

Dyna fyddai cân yr ymwelwyr yn nhwll y drws, ac yn wobr fe
gaent dipyn bach o arian coch, neu lond dwrn o gnau neu losin.
A ffwrdd â nhw driphlith draphlith lawr y stryd.

Yn y tŷ, roedd basin ar lawr, a phapur newydd neu dywel
wedi ei daenu odano, ac afal yn nofio ynddo ar wyneb y dŵr.
Pwy oedd yn gallu cnoi'r afal heb gydio ynddo â'i law? Pwy oedd
yn gallu cydio yn yr afal â'i ddannedd a'i godi o'r dŵr? Dyna un
ffordd o wneud i'r plant olchi'u hwynebau yn wên i gyd. Rhoi afal
ar ben tamaid o gortyn oedd y gêm arall, a chan ddal y dwylo tu
ôl i'w gefn, pob un yn ceisio cnoi'r afal. Gwthio'r afal, sugno arno
fel oen swci, a phawb yn chwerthin am y gorau. A dyma gnoc
arall ar y drws:

> Halloween is comin' and the geese are getting fat,
> please put a penny in the old man's hat,
> if you haven't got a penny, a hapenny will do,
> if you haven't got a hapenny, God bless you.

Nid oedd dathlu Calan Gaeaf yn fêl i gyd. Gwae ni pe
deuai'r Shannies ar ein cyfyl. Criw ffiaidd oeddynt, yn byw

yn yr hen faestref ger canol y ddinas. *Seantalamh* oedd enw'r llecyn hwnnw – yr Hendir. Roedd craig fawr yn yr Hendir lle câi'r offeren ei chynnal pan oedd Pabyddiaeth yn grefydd waharddedig, ac ar ben y graig honno meddan nhw, y cyfarchodd Daniel O'Connell dorf fawr tua 1830 pan oedd yn ymgyrchu dros 'Ryddfreinio'r Pabyddion'. Ond cysylltem ni'r lle â'r bois mwyaf dychrynllyd yn ein bydysawd helaeth iawn. Meibion teuluoedd difreintiedig oeddynt ran fwyaf. Bechgyn nad oedd eu tadau erioed wedi bod yn y banc, bechgyn nad oedd eu mamau erioed wedi bod yn berchen ar bâr o sliperi. Cryts penfoel oedd yn hel bonau sigaréts blwydd oed a'u sychu cyn eu smygu. Roedd eu byd nhw yn fyd llawn trais: trais ar yr aelwyd, trais ar y stryd, er bod *l-o-v-e* yn datŵ dros fysedd ambell un. Gwisgent ledr, bŵts a tshaen am eu gyddfau, a rhodio'r dref yn chwilio am ffeit pan oeddem ni'n gwneud ein gwaith cartref.

Un flwyddyn, daeth y *Shannies* yn gatrawd anorchfygol lan ein stryd fach hapus ni, a heb ddweud gair o'u hen bennau milain, cipio'r teiars i gyd o'n coelcerth, a'u rholio'n rhyfygus iawn i lawr y stryd o dan ein trwynau bach cachgïaidd ni. Wir, 'tase fy nhad i a thad pawb arall sy'n mynd i'r banc ac yn golchi eu ceir wedi sefyll o flaen y *Shannies* y diwrnod hwnnw, wn i ddim pwy fyddai wedi bod drechaf, ai'r tyffs pedair blwydd ar ddeg oed fyddai wedi rhoi crasfa i ddynion parchus yn eu hoed a'u hamser. Ni ddywedodd yr un ohonom na bŵ na be wrth weld ein teiars tew tew tew ni'n cael eu codi'n dreth am fod yn gymdogion i *Hell's Angels* y dref. Ond bob blwyddyn, er gwaethaf pawb a phopeth, fe gaem ein tanllwyth o dân nwyfus yn yr awyr agored yng ngolau'r hen leuad welw a chanhwyllau'r sêr di-rif. Deued a ddelo, erbyn nos a'r haf yn cau'i lygaid adeg Calan Gaeaf, codai'r fflamau, codai'r mwg, codai'r bonllefau o'r cynfyd unwaith eto.

Un flwyddyn, mi losgais fy mŵts newydd. Roedden ni'n agosáu, agosáu at galon y purdan. Brigau'n mudlosgi ar lawr. Y fflamau gwyllt wedi bwrw'u hegni, a'r dorf erbyn hyn yn syllu'n fud i lygad y tân. Wellingtwns newydd sbon oedd am fy nhraed.

Wellingtwns byrhoedlog eu sodlau, canys poeth yw coelcerth Calan Gaeaf, a thoddi'n hawdd fydd wellingtwns rwber. 'Asgwrn Dafydd, mae'r ffycin bŵts yma'n toddi,' meddwn i yn fy llais diniwed bachgen mawr naw oed. Ces ddychryn a deall bod y byd yn llawn peryglon annisgwyl, a bod pawb yn ei chael hi rywbryd. Mynd adref wnes i a 'mhen yn fy mhlu, a thynnu'r bŵts.

Bore trannoeth: meddwl nawr mai taw piau hi, ac efallai y byddai'r bois wedi ymgynnull i drafod hwyl y noson cynt, a chan fod fy mŵts wedi newid siâp eu sodlau, doedd dim amdani ond gwisgo fy shŵs newydd. Do, fe gafodd dwli mawr fod yn frenin trannoeth y goelcerth y flwyddyn honno, achos doedd y lludw ddim wedi oeri. Toddi mae lledr yr un peth â rwber . . . ac wrth gwrs, mi losgais y sgidiau. Weithiau, mae plant yn cael pryd o dafod. Ac weithiau, pan fydd pethau'n wael sobor, bydd Mam a Dad yn distewi, fel tasen nhw wedi cael y siom fwyaf yn y byd. Neu fel petasai hen fodryb wedi marw yn Llundain.

A dyna'r distawrwydd mwyaf ofnadwy pan fydd plentyn wedi gwneud drygioni. A thrannoeth y goelcerth y flwyddyn honno, roedd hi'n dawel iawn yn ein tŷ ni. Daeth y glaw smwc a llwyr ddiffodd y tân. Ond am ddeunaw mis roedd olion llosgi mawr yn gylch mawr diborfa, diflewyn du fel bogel mawr ar fola'r maes chwarae. A phob tro yr awn heibio am sbel fawr, meddyliwn am y gwadnau gafodd gam mawr gen i, fel petai.

## CROESAU BRWYN

Peth cyn-fodern yng Nghymru yw sôn am y saint. Perthyn i oes arall mae'r arfer. Mae hyn yn wir erbyn hyn yn Iwerddon hefyd, er mai dim ond yn ddiweddar y cefnodd y Gwyddel ar Colmcille, Fiachra, Caomhán, Martin ac eraill. Pan oeddwn i'n blentyn, roedd dydd gŵyl Bríd heb golli nemor ddim o'i phwysigrwydd.

Y cyntaf o fis Chwefror yw dydd gŵyl Bríd, a chysylltir yr ŵyl â dyfodiad y gwanwyn. Gwyddai pawb bennill neu ddau o gân Raftery, bardd gwlad a fu'n crwydro dwyrain y sir yn ail chwarter y bedwaredd ganrif ar bymtheg:

*Anois teacht ân earraigh,*
*beidh ân lá ag gabháil chun síneadh,*
*'s tar éis na féile Bríde*
*'sea ardós mé mo sheol.*
*Ó chuir mé i mo cheann é ní*
*stopfaidh mé choíche,*
*go seasfaidh mé síos i*
*lár chontae Mhuigheo.*

Mae'r gwanwyn ar y ffordd,
ac mae'r dydd yntau yn ymestyn,
ac wedi dydd gŵyl Bríd,
mi godaf angor a hwyl.
Dyna yw fy mwriad,
ni allaf fyth ymatal,
af rhagof nes sefyll
yn ardal Mayo.

Lleian oedd Bríd yn byw yn Cill Dara ger Dulyn yn y chweched ganrif. Yn ôl yr hanes, fe sefydlodd leiandy ac ymroi i efengylu yn y fro. Os ewch i dref Cill Dara heddiw i'r National Stud of Ireland, lle mae rhai o geffylau rasys gorau'r byd yn cael eu magu, ac epil rhai o'r stalwyni drutaf fu ym Mhersia ac yn Arabia erioed; dyna ble y gwelwch olion hen goed derw, a'r boncyffion dwy fil oed yn adleisio enw'r dref, Llan-y-deri.

Nid yw'n gyd-ddigwyddiad mai ar y cyntaf o fis Chwefror y dethlir Bríd. Yn yr Iwerddon gyn-Gristnogol, gelwid yr un diwrnod yn *Imbolg*. Mae ystyr y gair yn anhysbys erbyn hyn, a pheth hynafol iawn ydyw hyd yn oed yn yr ysgrifau cynharaf yn yr iaith Wyddeleg. Diwrnod olaf yr hirlwm oedd *Imbolg*, ac ar y diwrnod hwnnw dechreuai'r byd ddadebru, a'r haul yn magu nerth. Roedd y tri mis wedi Calan Gaeaf felly yn gyfnod *Samhain* hyd at *Imbolg*. Er bod enw'r santes wedi disodli enw hen arfer paganaidd, fe gadwodd y diwrnod ei arwyddocâd tan ddiwedd yr ugeinfed ganrif.

Santes Gristnogol yw Bríd heb os nac oni bai. Ond mae tinc arall i'r enw, dim ond inni grafu'r wyneb. Brigit yw'r hen ffurf, ac arferir y ffurf honno yn yr iaith Saesneg, er ei bod wedi newid yn seinyddol yn yr iaith frodorol. Mae'r enw yn gytras â'r gair Cymraeg 'brig'; ei ystyr felly mae'n debyg yw 'aruchel' neu 'goruwchgyffredin'. Dyma gyfeiriad at elfen fytholegol, ac atgof am y ffaith mai duwies Geltaidd oedd Brigit cyn i'r enw gael ei fabwysiadu gan gyfeillion y grefydd newydd yng nghanol y mileniwm cyntaf. Hwyrach mai Rhiannon neu Arianrhod Iwerddon oedd yr hen Brigit.

Fesul stori y dysgom hen hanes y wlad yn yr ysgol, ac yn lle dweud i Bríd ddwyn perswâd ar y bobol i roi heibio eu hofergoelion paganaidd ac i arddel y gwir Dduw a'r Iesu a'r ffydd, fel hyn yr esboniwyd ymgyrch a llwyddiant y santes inni.

Mynd o gwmpas ei phethau oedd Bríd yn y fynachlog yn Cill Dara (Llan-y-deri) pan welodd hen ŵr musgrell yn dyfod tuag at ei chell fechan. Pwysai ar ei ffon wrth gerdded, a gwelai Bríd wrth ei wisg ei fod yn ŵr uchel ei dras. Fe gyrhaeddodd y rhiniog, gofynnodd a oedd Bríd yn y tŷ. Hen Wyddel oedd hwn a fu'n rhyfela ar hyd ei oes, yn dwyn gwartheg ei gymydog a dwyn gwarth ar ei elyn, a thadogi plant di-rif yn ei gwrw. Dyn cefngrwm, gwael ydoedd erbyn hyn, ac roedd eisiau ymadael â gwagedd ac oferedd y byd, ond cyn huno fe ddymunai arddel y Crist. Gwrandawodd Bríd ar yr hen ŵr. Plygodd i lawr a chodi dyrnaid o frwyn oedd ar lawr, oherwydd yr adeg honno, taenid brwyn ar loriau'r tai. Ac fe gymerodd bedair brwynen, eu plygu a'u cydblethu'n gelfydd gan wneud croes â'r brwyn, a dweud wrth yr hen ŵr mai ar y groes y bu farw'r oen er mwyn prynu iachawdwriaeth inni a golchi pechodau'r byd â'i waed. Ac felly y bedyddiodd hi'r gŵr.

Mae'n anodd gwybod a fu'r traddodiad gwneud croesau brwyn yn un di-dor ers amser y santes. Anodd gwybod hefyd pryd yn union y daeth gwneud y croesau yn arfer ac yn ddefod, ond gwneid croes ymhob ysgol ac ymhob tŷ pan oeddwn i'n blentyn. Yna, byddai'r groes yn cael ei rhoi uwchben y drws neu uwchben y pentan yn y gegin, yn arwydd bod trais y byd ar ben, a goleuni a gobaith y gwanwyn o fewn cyrraedd. Ac wrth ystyried oedran yr arfer, a'i wreiddiau, mae'n deg nodi dwy amrywiaeth. Roedd y groes fwyaf cyffredin yn un bedair coes, ond bu i groes deircoes oroesi hefyd. Dywed y ffyddloniaid mai cynrychioli'r Drindod y mae'r tair coes. Gellid tybio mai dyna'r un wreiddiol, ac mai mabwysiadu hen symbol wnaeth Bríd, symbol sydd yn perthyn i'r hyn a esgorodd ar y *swastika* a'r trisgell, er enghraifft: yr haul, yr elfennau, a llif bywyd.

Doeddwn i ddim wedi gweld croes frwyn ddydd gŵyl Bríd ers dros ugain mlynedd, nes i mi fynd i Iwerddon yn ddiweddar, a gweld y groes yn annisgwyl. Mae fy ngwallt yn tyfu fel shetin erioed, ac mae gwaith trin a thorri arno, felly dyma daro mewn i siop farbwr. Lle digon dirodres oedd e. Siop un-dyn. Roedd y radio ymlaen a phapurau newydd yn bentwr cymen ar y silff ffenest. Wrth aros fy nhro, sylwais ar y groes frwyn uwchben y drws yn bendithio'r sawl a ddeuai dros y trothwy.

## PURDAN MAI

Yr hen enwau am fis Mai yn y Gymraeg ac yn y Wyddeleg yw Cyntefin a *Cétsamain*. Ystyr hynny yw 'mis cyntaf yr haf'. O ran eu strwythur, tebyg iawn yw'r geiriau Cyntefin a *Cétsamain* i Fehefin neu *Meitheamh*, sef canol haf. Ond yn y Gymraeg ac yn y Wyddeleg, nid yw Cyntefin na *Cétsamain* wedi cael eu harfer ers tro byd. Fe'u disodlwyd yn y naill iaith gan yr enw 'Mai', ac yn y llall gan yr enw *Bealtaine*.

Yn ôl pob tebyg, mae'r gair *Bealtaine* yn cynnwys y gair *tân*. Mae ymadrodd yn yr iaith Wyddeleg yn cyfeirio at gynnau tân Calan Mai: 'bod rhwng dau dân Calan Mai' yw'r ymadrodd hwnnw, sef 'idir dhá thine Bhealtaine'. Defod oedd cynnau tân Calan Mai yn Iwerddon yn yr hen amser gynt felly.

Defod purdan oedd hi – purdan heb yr arwyddocâd negyddol crefyddol. Ledled y byd, mae purdan wedi cael ei arfer erioed: merched yn neidio trwy'r fflamau er mwyn beichiogi, gwartheg yn cael eu gyrru trwy'r gwres er mwyn lluosogi eu hepil. Arfer wedi hen ddarfod yw tân Calan Mai yn Iwerddon. Eto i gyd, goroesodd defodau eraill ymysg y Gwyddelod i ddathlu Calan Mai a thranc y gaeaf. Codi'n gynnar a cherdded yn droednoeth yng ngwlith y bore oedd un o'r defodau hynny. Codi wrth i Fai wawrio a goleuni'r haf ymledu am y tro cyntaf dros y caeau bach maint macyn poced, y rhosydd anial, a'r môr mawr aflonydd islaw.

Byddai cangen fach yn cael ei thorri oddi ar yr onnen ifanc i'w gosod uwchben y drws er mwyn i ffawd gael dod i'r aelwyd. Y plant yn araf ddeffro ac yn mingamu trwy drwch o borfa wlyb. Naws oer y nos heb ei thorri eto gan belydrau egwan yr haul swilbell. Ac wrth gerdded yn y glesni, teimlo purdan y gwlith yn golchi llwch a llesgedd y gaeaf i ffwrdd. Teimlo'r hen graig oddi tanom yn gyrru ias trwy'n hesgyrn. Teimlo hoen y byd yn ein porthi, a chlywed yr adar mân yn bloeddio canu wrth i'r haul godi dros y gorwel fel melyn ŵy ar blât mawr. A chyn i fysedd ein traed ddechrau sythu, ac i'n dannedd ddechrau rhincian, brysio yn ôl i'r tŷ i nôl blanced o'r stafell wely, ac eistedd ar y sil ffenest yn y gegin i wylio geni'r haf. Eistedd ar y sil ffenest i ganu'n iach i gysgodion ola'r gaeaf oedd yn llechu fel cysgod lleidr ym môn clawdd. Eistedd ar y sil ffenest a gweld ôl ein hanadl ar y gwydr, a chroesawu'r tymor hirfaith tesog.

Arferai'r Gwyddelod fynd â'u gwartheg i borfeydd y mynydd wedi Calan Mai. Tebyg iawn oedd diwylliant y Gwyddelod gynt i eiddo'r hen Gymry yn hynny o beth. Hen gân yn yr iaith Wyddeleg sy'n dathlu'r tymor hafota a phori ar y mynydd diglawdd yw 'Samhradh Samhradh'. Fe fyddem yn ei chanu yn yr ysgol wedi Calan Mai. Sôn am y gwartheg blithion y mae'r gân, ac am yr hafod ar y mynydd fry:

*Samhradh samhradh bainne na ngamhna,*
*thugamar féin an samhradh linn,*
*thugamar linn é, cé a bhainfeadh dínn é?*
*Thugamar féin an samhradh linn.*

Dyma'r haf, dyma'r haf, llaeth y lloi bach blwydd,
mae'n haf i minnau, mae'n haf i tithau,
pwy all ei wahardd inni?
Mae'n haf i minnau, mae'n haf i tithau.

Yn y ddwy wlad dychwelai'r bugeiliaid i'r hendref, gan ddod
â'r praidd i lawr y cwm wrth i'r haf edwino. 'Melyn blaen bedw,
gweddw hafod,' meddai'r bugeiliaid yng ngorllewin Cymru gynt.
Teimlaf fy mod yn dilyn ffordd o fyw'r bugeiliaid. Yn
Iwerddon, treuliwn y gaeaf yn yr hen dref. Rhyw hafota wedyn
oedd dod i Gymru, gwlad lle nad âi byth yn nos arnaf pan
oeddwn yn blentyn. Dychwelyd ac ailymadael wrth i'r flwyddyn
droi ar ei hechel. Fel yna ydw i byth.

## GWELD Y GOLEUNI

Padrig yw nawddsant Iwerddon. Brython oedd ef. Cafodd ei eni
yn ne Prydain mewn cymdeithas oedd wedi byw dan lywodraeth
Rhufain. Erbyn oes Padrig, roedd Cristnogaeth wedi cyrraedd
Prydain. Yn ôl pob tebyg, Padrig oedd y cennad swyddogol
cyntaf ar ran yr Eglwys i efengylu yn Iwerddon.

Mae dwy brif bererindod yn Iwerddon, a'r ddwy yn anelu at
gyrchfannau sydd â chysylltiadau cryf â Phadrig: Lough Derg
a Croagh Patrick, sef ynys fechan ar lyn diarffordd yn swydd
Donegal, a mynydd anial, gerwin yng ngorllewin Mayo. Yn y
saithdegau a'r wythdegau, roedd miloedd o ffyddloniaid yn
heidio i'r naill sancteiddle a'r llall. Felly yr oedd hi yng Nghymru
ganrifoedd lawer ynghynt pan rodid llwybrau Penfro a llwybrau
Llŷn tua Thŷ Ddewi ac Enlli.

Rhyw filltir o Pettigoe, pentref genedigol fy nhad, mae

Lough Derg. Pettigoe oedd y drws i Burdan Padrig, *St Patrick's Purgatory* fel y'i gelwid gynt. Mae fy nhad yn cofio'r pererinion yn y pedwardegau. Ar eu pennau gliniau y nesâi'r rhai mwyaf brwd at lan y llyn. Nid heb gystudd a dioddefaint y deuent i ymprydio am dridiau ac i wyngalchu eu heneidiau. Oni fyddai gweld hen wragedd yn ymddarostwng fel yna wedi gwneud cryn argraff ar ddychymyg bachgen saith oed? A finnau yn yr ysgol yn Galway ddeng mlynedd ar hugain yn ddiweddarach, âi rhai o'm cyd-ddisgyblion i Lough Derg. Ar yr ynys fechan lle deuai Padrig i osgoi dwndwr y byd ac i ymbureiddio, codwyd eglwys foethus, fawreddog. Cafodd yr ynys ei henwi yn Station Island wedyn. Adlewyrchu ymdaith yr Iesu o dan y groes y mae'r gair *station*. Mae deuddeg cymal neu *station* ar yr ymdaith.

Bachgen o'r enw Paul Barrett oedd yn yr un dosbarth â fi yn yr ysgol uwchradd yn Galway a ddywedodd peth o hanes ei bererindod wrthyf. Treuliodd dipyn o'i amser yn cerdded o amgylch yr eglwys yn gweddïo. Brithwyd yr ymweliad tridiau â gwahanol wasanaethau. Ni wn a fu heb fwyta 'run tamaid o gwbl yn ystod yr adeg hon, ond esboniodd Paul y byddai rhai yn cadw sleisen neu ddwy o fara yn y gobennydd i leddfu protestiadau'r bol gyda'r nos.

Nid oedd unrhyw sôn ar ein haelwyd ni am Station Island na cherdded yn droednoeth yn y glaw er mawl i'r Creawdwr. 'Pawb at y peth y bo,' fyddai ymateb Mam, a'r ymadrodd o bosib yn adlewyrchu goddefgarwch pobl y Smotyn Du yn sir Aberteifi, cadarnle Undodiaeth yng Nghymru. Gweld y peth yn wastraff amser oedd fy nhad mae'n siŵr. Llafarganu am dridiau, wir! Onid oedd eisiau gwella'r gwasanaeth iechyd, a brwydro am gyfiawnder yn y byd? Cyfiawnder neu beidio, mae myfyrio ac encilio o'r dorf a mynd i *Patrick's Purgatory* wedi bod yn ddefod ers canrifoedd mawr. Ar fapiau o Sbaen, Prydain ac Iwerddon o'r bymthegfed ganrif, nodir Lough Derg.

*Lúnasa* yw'r gair Gwyddeleg am fis Awst. Enw un o'r prif dduwiau Celtaidd yw'r elfen gyntaf yn y gair, *Lug*, sy'n golygu golau. Fe geir ei debyg yn y gair Cymraeg 'amlwg', er enghraifft. Roedd Lug yn dduw pryd golau, llachar, daionus. Yn wreiddiol, roedd Lug yn gyfystyr â'r haul. Addolid yr haul gan y Celtiaid, a chan bron pob tras arall ar wyneb y ddaear rhywfodd neu'i gilydd mae'n debyg; ac o'i addoli, yna dewis diwrnod arbennig er clod iddo. Y cyntaf o fis Awst oedd y diwrnod hwnnw, *Lá Lugha*, oherwydd Awst yw mis y cynhaeaf, mis ffrwythlondeb a chnydau aeddfed.

Mae'r cof yn fyw yn Iwerddon am ddathlu ac am goffáu hoen ac ynni'r haul ar fynydd arbennig. Croagh Patrick yw enw'r mynydd hwnnw. Perthyn i'r gair Cymraeg *crug* y mae *croagh*, sef *cruach* yn y Wyddeleg. Gŵyr pawb yn sir Aberteifi am Drichrug, a tebyg eu siâp i Croagh Patrick yw'r tri chrug serth, penfain ym mhlwyf Cilcennin uwchben Talsarn.

Mae'n diddorol gofyn sut y daeth enw nawddsant Iwerddon yn rhan o hen draddodiad paganaidd iawn. Mae'n debyg bod tair haenen i'r esboniad. Yn ôl y dystiolaeth, roedd diwylliant astudio'r ffurfafen yn gryf iawn yn Iwerddon ac ym Mhrydain cyn oes y Brythoniaid a'r Gwyddelod. Medrai gwyddonwyr y bobloedd neolithig hynny fesur onglau pelydrau'r haul i'r dim, a rhag-weld hyd y dydd. Yn achos rhai mynyddoedd yng ngorllewin Iwerddon, sylweddolon nhw hyn: trwy sefyll mewn man arbennig ar ddyddiad arbennig a gwylio'r machlud, roedd modd gweld yr haul yn disgyn ar hyd ystlys y mynydd fel pêl enfawr yn rholio i lawr y rhiw yn dân i gyd. Roedd Croagh Patrick yn un o'r mynyddoedd hynny. Pan ddaeth y Gwyddelod i Iwerddon, a disodli diwylliant y trigolion hŷn, roedd rhoi gwisg Wyddelig am yr hen arferion neolithig yn rhan o'u llwyddiant. Iddynt hwy, Lug oedd y goleuni ar y mynydd.

Er mwyn i'r Cristnogion cynnar ennill y dydd yn eu tro, bu'n rhaid iddynt ymgodymu â duwiau'r cynfyd, a mynd i'r hen fannau cysegredig er mwyn eu hawlio wnaeth Patrick ac eraill. Ymhlith y mannau hynny, roedd y mynydd sydd yn dwyn ei enw ers mil a hanner o flynyddoedd. Bu Patrick yn ymprydio ac yn gweddïo lle yr arferid addoli Lug. Gyda threigl amser yn ystod y cyfnod hanesyddol felly, aeth addoli'r haul yn angof, a chysylltid pererindota i'r mynydd â chrefydd y sant, gan enwi'r *crug* er anrhydedd iddo. Mae Croagh Patrick yn gyrchfan o hyd i'r pererinion heddiw. Mae'n wir bod y rhan fwyaf ohonynt yn gwisgo Gortex a sgidiau mawr, ac yn cario ffôn. Ar y pymthegfed o fis Awst, yn ystod y saithdegau a'r wythdegau, pentyrrai heidiau o Gatholigion Iwerddon i ddringo'r llethrau serth, anwastad, blin, a hynny'n droednoeth yn aml iawn. Ymlwybrent yn ddyfal tua'r copa, a hwnnw wedi'i gladdu yn y niwl, rhai yn oedrannus ac yn eiddil o gorff, rhai yn gafael yn dynn yn eu gleiniau gan fwmian eu pader yn ddi-baid. Yn nyddiau cynnar y gwasanaeth teledu, R.T.É, gwelem y lluniau bob blwyddyn, ac ni ellid gwadu dewrder y dorf wrth iddynt straffaglu yn eu blaen. Cerdded yng ngoleuni'r gorffennol yr oeddynt. Cerdded â golau'r ffydd ynghyn yng nghannwyll eu llygaid. Cerdded gan ddisgwyl haul ar fryn.

Ni fûm ar gopa Croagh Patrick erioed. Ni fûm yn uchel iawn ar lethrau'r hen fan ychwaith. Wrth ddychwelyd adref o Mayo, trwy Leenane a Maam Cross, wedi noson lawen yn Westport, Mayo, mi awn heibio iddo yn aml, ac edrych ar y creigiau arswydus, tywyll. Gwell gen i ei weld yn y pellter. Ei weld dros y môr yn angor ac yn atynfa i'r llygaid. Ei weld dros y tir yn borthor balch, diysgog. Mae gweld y mynydd hwn wedi cyffroi'r meddwl a'r galon ers tair mil o flynyddoedd. Pam mae'r mynydd yn tanio'r dychymyg? Am ei fod yn drech na dyn efallai. Am ei fod yn her. Am ei fod yn rhywbeth cwbl sefydlog ac amhosib ei dreiglo na'i wadu. A bywyd ei hun mor anwadal.

## Y CI A'R MAWN

Yn ogystal â'r gwyliau undydd sy'n nodi treigl y tymhorau, mae cyfnodau yn ystod y flwyddyn pan fydd gorchwyl neu fath o waith arbennig yn lliwio bywyd. Adeg hau a medi yw hynny ym myd amaeth. Mewn rhai mannau yn Iwerddon, ac yng

Nghymru gynt, yng nghyffiniau Cors Caron a Chors Fochno yn sir Aberteifi er enghraifft, roedd torri mawn yn rhan o waith blynyddol y trigolion. Yn wir, diwylliant oedd torri mawn. A lle da i fyfyrio ac i farddoni yw anialwch y gors: 'tir methiant i'r amaethwr, hen wern ddu dan arian ddŵr,' meddai Isgarn (1887–1947), bugail o ardal Tregaron.

Tir methiant i'r amaethwr yw corsydd canolbarth a gorllewin Iwerddon hefyd, yn enwedig yr ochr draw i afon Shannon, yn Clare, Galway a Mayo. Anodd gwybod ai gwir y gair, ond dysgom yn yr ysgol i Oliver Cromwell leisio barn am wedd y wlad pan groesodd y Shannon tua 1650: 'Nid oes yma ddigon o bridd i gladdu dyn,' meddai, 'na digon o bren i grogi dyn.' Cromwell neu beidio, mae'r gorwel yng ngorllewin Iwerddon bob amser ymhell, a'r gwynt yntau yn cael rhwydd hynt i wneud ei ddrygioni heb na chainc na changen i'w rwystro.

Ond nid felly y bu erioed. Yn hynny o beth, tebyg yw Iwerddon i wledydd eraill: wrth i'r boblogaeth dyfu, ac yn sgil twf diwydiant, bu dadgoedwigo'n nodweddiadol o ddechrau'r cyfnod modern. Yn hanes Iwerddon, fel y'i dysgid yn yr ysgol gynt, y Sais oedd yn gyfrifol am dorri'r coed i lawr, yn fedw, yn dderw ac yn ynn. Yn ôl ein hen werslyfr, hogi'r fwyell i borthi'r diwydiant adeiladu llongau wnaeth Prydain, oherwydd bod angen mawr am bren er mwyn tra-arglwyddiaethu ar y don.

Dichon fod yr hen lyfr ysgol yn gywir i raddau. Eto i gyd, o ystyried hanes yn ei grynswth, annhebyg yw mai adeiladu llynges Prydain oedd yr unig reswm dros glirio'r coed yn Iwerddon. Byw heb drefi sefydlog oedd arfer y tylwyth Gwyddelig. Symud o'r hafod i'r hendref, crwydro porfeydd bras yn ystod yr haf, clirio llannerch fel bo'r angen, a llannerch arall yn y man pan âi'r coed tân yn brin. Yn llên Cymru, clywir am y wiwer a allai drafaelu o Fôn i Fynwy heb gyffwrdd â'r llawr. Yn llên Iwerddon, darllenwn am Sweeney, y dyn gwyllt o'r coed yn byw ym mynwes y coed, yn mynd o gwmwd i gwmwd ac o gantref i gantref heb gerdded fawr. Tyfai plu ar groen Sweeney ar ôl iddo gael ei felltithio gan Sant

Ronan. Rhyw hanner dyn a hanner aderyn oedd ef am weddill ei oes yn ôl y chwedl. Os bu'r wlad yn goediog yn yr Oesoedd Canol, mae'n debyg mai felly y bu yn yr oes gynhanesyddol hefyd. Y corsydd mawr yw'r dystiolaeth am hynny. Mae cors yn ymffurfio wrth i goedwig heneiddio. Wrth i'r coed farw fesul tipyn, bydd y pren a'r gwreiddiau'n pydru'n araf nes ffurfio haenen drwchus o fater organig llaith iawn, y bydd mwswgl a chen a grug yn tyfu arni. Bydd pwysau'r twmpath pydredig yn cynyddu gyda threigl amser, a'r pwysau'n peri i'r gymysgedd droi yn fawn.

Bu'r mawn hwnnw yn danwydd arbennig yn Iwerddon ers rhai canrifoedd bellach. Erbyn ei dorri yn dyweirch a'i sychu'n drylwyr yn llygad yr haul, mae gwres dihafal ganddo, yn enwedig ar aelwyd helaeth. Nid yw'n gadael ond ychydig iawn o fân ludw, ac o ran ei oglau mae'n felys ac yn braf.

Roedd torri mawn yn Iwerddon gynt yn ddefod a barhâi am bum mis bob blwyddyn, ac roedd yn llafur hirfaith. Fe ddechreuai wrth i'r tywydd wella yn y gwanwyn. Y dasg gyntaf oedd dinoethi peth o wyneb y gors. Tynnu'r grug ymaith a chyrraedd at yr haenen uchaf o dyweirch oedd amcan y gwaith paratoi hwn. Wedi hynny, deuai'n bryd i dorri'r mawn. Ei dorri wrth dalcen go uchel oedd yr arfer. Amrywiai dyfnder y talcen, a byddai rhai yn fas, rhwng tair a phum troedfedd efallai. Byddai rhai fel talcen tŷ bron iawn mewn cors ddofn. Torrid y mawn fesul tywarchen siâp bricsen â rhaw hirfain arbennig o'r enw *slis*. Lliw du oedd i'r mawn newydd ei dorri am ei fod yn wlyb. Wrth dorri'i gwys, taflai'r gŵr ei dyweirch yn rhes ar ben y talcen.

Wedi'r torri, roedd yn rhaid rhoi'r tyweirch ar eu traed gwlyb er mwyn i'r awel a'r heulwen gael eu sychu. Y dechneg oedd rhoi pennau tair, pedair neu bump o dyweirch yn erbyn ei gilydd, a'u traed ar lawr, a elwir yn *gróigeadh* yn y Wyddeleg, a 'footing' yn Saesneg. Roedd *gróigeadh* yn rhywbeth y gallai'r plant ei wneud, gan fod llai o waith plygu i lawr iddynt hwy nag i'r oedolion.

Âi teuluoedd cyfan i'r gors i roi'r tyweirch ar eu traed. Roedd yr achlysur yn un chwedlonol – llond tŷ o bobol yn anelu am gorstir y mynydd ar ddiwrnod bendigedig o wanwyn, yr ehedydd yn canu nerth esgyrn ei ben, brechdanau wedi'u lapio mewn clwtyn yn y fasged de, pawb mewn hwyliau da o feddwl bod eu byd beunyddiol yn y cwm neu yn y pentref yn cael ei roi heibio am ddiwrnod. Er bod gwaith caled yn eu haros, byddai'r awyr iach a'r golygfeydd dros y bae isod a'r ynysoedd yn y pellter yn codi'r galon. Wedi diwrnod ar y gors, byddai rhai wedi troi'n lliw haul i gyd, a hynny'n arwydd ddechrau'r gwanwyn bod y gwaith mawn yn dod yn ei flaen yn lled dda.

Nid rhamant bob tamaid oedd gwaith cors. Y peth gwaethaf oedd y pryfed mân a'r gwybed. Hoffi lleithder y mae'r rheini, ac fe fyddent yn bla pe gostegai'r awel. Ac nid gwaith undydd oedd codi'r tyweirch ar eu traed. Ymhen rhyw fis, byddai'n bryd mynd yn ôl ac ail-wneud gan roi pob darn ben i waered, sef *athghróigeadh* neu 'refooting'. Wrth i'r haf ymestyn wedyn, byddai hwn a'r llall yn cadw llygad ar y mawn, oherwydd pe cwympai'r tyweirch a gorwedd ar lawr, fe fyddent yn ddiwerth. Pe digwyddai i anifeiliaid grwydro trwy'r maes a sathru arnynt, ofer fyddai'r gwaith, a gwae pawb ar noson oer o aeaf pan âi'r mawn yn brin.

Rhywbryd yn ystod mis Awst byddai sôn am ddiwrnod cario. Dod â'r mawn sych i lawr i'r tŷ oedd ystyr hynny. Byddai angen llond dwy neu dair trol i'w cario. A dyna ddiwrnod llafurus arall. Llanw'r drol ar y rhos, a dadlwytho ar bwys y tŷ. Erbyn ei ddadlwytho, byddai'r mawn ar wasgar yn dwmpath mawr di-drefn ar y buarth neu yn y clôs. Byddai'n rhaid cywain y tyweirch nesa, sef adeiladu *cruach* neu *reek*. Mwdwl mawn yw'r *cruach*, sydd tua chwe throedfedd o uchder a rhyw dair troedfedd o led.

Gwaith cywrain oedd codi'r mwdwl. Roedd hi'n gelfyddyd dewis y tyweirch a'u gosod mewn modd a fyddai'n sail i fwdwl cadarn, ond eto i gyd yn un digon bylchog i'r gwynt gael sychu croen y mawn ar ôl cawod. Wedi codi'r mwdwl, byddai gorchudd yn cael ei daflu dros ei ben a cherrig yn cael eu clymu ar ben rhaffau traws, i wneud yn siŵr na fyddai'n cael ei chwythu i ffwrdd. Rhoi pen ar y mwdwl mawn, y dydd yn byrhau, a'r haf ar fin darfod.

Pan oeddwn yn ifanc, roeddwn i'n byw yn y dref, ond pobol y wlad newydd symud i'r dref oedd yn byw ar yr un stad â ni. Roedd rhai yn berchen ar dipyn o dir yn yr hen gynefin, a'r tir hwnnw'n fawndir gan ambell un. Roedd un teulu yn dod â llwyth o fawn i'r dref bob blwyddyn. Byddai eu diwrnod mawn yn wledd o gydweithio i'r gymdogaeth, a gwraig y tŷ ar ddiwedd y dydd yn gwneud swper i'r fedel. Byddai'r oglau mawn yn ystod yr hirlwm wedyn yn atgoffa'r gymdeithas mai ar y cyd y gwnaed y gwaith.

Roedd llosgi mawn yn Iwerddon yn yr ugeinfed ganrif yn fwy na rhywbeth domestig a chymdeithasol. Gyda mawn y cynhyrchid cyfran o drydan y wlad. Roedd sawl canolfan llosgi mawn ar gyfer cynhyrchu trydan yn Iwerddon gynt. Rheolid y diwydiant mawn gan fwrdd arbennig sef Bord na Móna (Y Bwrdd Mawn). Roedd sefydlu Bord na Móna yn 1946 yn weithred economaidd greadigol ac yn benderfyniad call. Roedd yn enghraifft dda o lywodraeth gwladwriaeth ifanc yn gweld gwerth yr adnoddau cenedlaethol, ac yn dyfeisio cynllun gwreiddiol er mwyn eu defnyddio.

'Yng ngenau'r sach mae tolio' meddai'r ddihareb, sy'n cyfeirio at lanw sach gyda blawd. Go debyg oedd agwedd Bord na Móna at y llwch mawn a'r mân dameidiach fydd yn weddill pan fydd y tanwydd yn cael ei drafod. Yn lle gwastraffu hwnnw, fe wnaent ei hel at ei gilydd a'i wasgu'n friciau hirsgwar. Clymu rhyw ugain o'r briciau wrth ei gilydd wedyn, a gwerthu'r *briquettes* fesul *bale*. Tua maint twlbocs yw'r *bale*. Tu fas i bob siop ac i bob garej yn Iwerddon bron hyd y dydd heddiw, fe welir llond troli o'r *bales* ar werth.

Troli tua chwe neu saith troedfedd o uchder yw'r troli *briquettes*. Pan fydd llwyth arno, pwysa'n drwm iawn, a dyna pam mae olwynion o dan y troli mae'n debyg. Fel arfer, ni fydd neb yn cymryd sylw o'r trolis *briquettes* hyn na'u gwneuthuriad. Ond mae gen i achos i gofio amdanynt.

Roedd gennym ni ast â thipyn o dras y *setter* ynddi. Cŵn o dras ddwl ac anhydrin yw'r *setter*, ond maen nhw'n gŵn annwyl dros ben. Nid *setter* coch oedd hon, ond un ddu. Roedd blewiach rhuddfelyn ar ei phen a hynny'n awgrymu ei bod yn perthyn i dras y *Gordon Setter*. Cawsom y ci pan oedd tua blwydd oed a'i galw yn Lady Molly McMenamon the First. Nid oedd wedi ei hyfforddi o gwbl. Ni wyddai ar wyneb y ddaear beth oedd ystyr ufuddhau. Âi ar ras wyllt i bob man, pechu pawb, a thynnu'r lle yn rhacs.

Angen meistr oedd arni, a chyfaill, a finnau gafodd y fraint. Ar y pryd, roedd gen i fan fawr wen er mwyn cario'r caiac a gwneud te ar lan y môr. Mi gariais hanner llwyth o fawn ynddi unwaith hefyd. Liw dydd, deuai Molly gyda fi i bob man yn y Ducato, ac eistedd yn gefnsyth falch yn y sedd ffrynt wrth fy ochr, a golwg ychydig yn syn yn ei llygaid wrth i'r byd mawr wibio heibio inni.

Pan aem i gerdded ar y mynydd, câi ei phen yn rhydd i ymdrybaeddu yn nŵr y gors a rhedeg nerth ei thraed pe bai blaenau clustiau ysgyfarnog yn ymddangos yng nghanol y grug a'r eithin. Pan aem i'r siop roedd gofyn iddi fod ar dennyn er mwyn croesi'r heol fawr a pheidio â gwneud drygioni fyddai'n mynd â finnau i drwbwl.

Y diwrnod arbennig hwn, clymu Lady Molly McMenamon the First wrth y troli *briquettes* wnes i, ac i mewn â fi i nôl fy neges. Wrth i fi fynd o gwmpas y siop, clywais rywbeth yn debyg i frêcs lorri fawr yn sgrechian, a thawelwch. Breuddwydio yr oeddwn yn ôl fy arfer am ryw hen gerdd neu'i gilydd, neu'r bil ffôn efallai, heb feddwl dim rhagor am y peth. Dyma neges frys yn dod dros system sain y siop: 'A oes rhywun yn y siop ar hyn o bryd yn berchen ar gi du?' Aeth ias oer trwof. Mas â fi i'r maes parcio.

Dyna lle roedd y ci dwl yn sefyll yng nghanol y ffordd fawr ar ben ei thennyn, a throli *briquettes* gwag ar ben arall y tennyn.

Roedd *juggernaut* ar ei ffordd o'r cyfandir i harbwr Rosamhíl i nôl llwyth o *langoustines* neu samwns wedi'u cochi i'r farchnad Ffrengig wedi dod o fewn teirllath i ddamwain erchyll. Nid jyst lladd y ci, y gyrrwr a hanner dwsin o bobol eraill fyddai canlyniad y gwrthdaro, oherwydd garej gwerthu petrol oedd y siop. Stopio o fewn deng llath i'r pympiau petrol wnaeth y lorri. Pe bai wedi llithro a phalu ei ffordd i mewn i'r pympiau, a pheri tân a ffrwydrad, byddai'r chwalfa wedi bod yn annaearol. Ond nid felly y bu. Cerddais i ganol yr heol yn benwan, datglymu'r ci, a rhoi'r troli yn ôl yn ei briod le tu fas i'r siop. A dyna ddiwedd arni. Hawdd cofio felly bod olwynion yn rhan o droli *briquettes*. Pan es i'r siop y tro nesaf, cwestiwn diniwed y ferch ar y til a hithau yn cilwenu'n slei bach oedd: 'Sut mae'r ci 'da chi heddiw 'te?'

Pan gynhesid pob tŷ yn yr ardal â mawn, byddai oglau mwg crinfelys yn hongian yn yr awyr gydol y flwyddyn. Ar ddiwrnod gwyntog, fe chwyrlïai uwchben y tai a chael ei ysgubo dros y plwyf bob yn simneiad. Ar ddiwrnod llonydd, gwelid y mwg yn wawr lwydlas uwchben y cyfannedd a'r caeau cyfagos.

Ar rai aelwydydd bryd hynny, nid oedd y tân wedi llwyr ddiffodd ers cenedlaethau lawer. Gorchwyl olaf y dydd fyddai hel y gwreichion coch at ei gilydd a thaenu peth lludw drostynt er mwyn eu cadw ynghyn tan y bore. Un o rinweddau mawr y mawn oedd y ffaith y byddai'n mudlosgi am amser maith cyn oeri. Gorchwyl gyntaf y bore yn yr hen dai felly fyddai rhoi pwt a phlwc i'r tân, ychwanegu tyweirch cras ato a rhoi tro ar y fegin, a chyn bo hir gweld y mwg yn dringo fel cortyn main ac yn ymgordeddu tua'r nen.

Wedi mynd yn ôl i orllewin Galway ar ôl byw yn Llydaw ac yn yr Almaen rhwng 1990 a 1996, roeddwn yn ffaelu'n deg â rhoi fy mys arno, ond mi deimlwn fod rhywbeth ar goll yn yr hen le. Mi es am dro ar gefn fy meic un diwrnod. Roedd hi'n ddiwrnod smwclyd braidd. Wrth fynd heibio i dŷ Paddy Bán rhyw filltir cyn cyrraedd pentref Spiddal, dyma chwythad mawr o fwg mawn yn disgyn drosof, a'r oglau byw yn cynnau fflam y cof. 'Dyna wynt anghyfarwydd,' meddwn i wrth fy hunan. Mi wyddwn bellach: roedd llosgi mawn wedi mynd yn beth prin. Fel yr â'r bobol mas i weithio yn yr Iwerddon newydd, fydd neb gartref i dendio'r tân. Mae gwres canolog wedi disodli ffrwyth y gors i raddau helaeth, a ffordd o fyw wedi tawel ddiflannu.

Mae rhesymau technolegol pam fod oes y mawn wedi darfod. Ers yr wythdegau, fe ddaeth yn arfer torri mawn, nid â llaw yn unig ond gan ddefnyddio peiriant enfawr. O ran ei swyddogaeth, rhywbeth tebyg i aradr oedd y *sausage machine* newydd oedd yn torri'r gors yn gwysi. A'r cwysi'n grwn ac yn dew fel selsig. Ers ymddangosiad y peiriant torri mawn dros genhedlaeth yn ôl, mae gwaith mis wedi mynd yn waith diwrnod, a gwaith tymor wedi mynd yn waith wythnos.

Wrth gwrs, dihysbyddu'r mawn fu canlyniad gorffarmio. Dinoethwyd rhai corsydd hyd at y gwraidd. Daeth y gwyntoedd rheibus i orffen y gwaith, ac erbyn heddiw ni welir ond ambell glwmpyn mawr o briddfawn siâp madarchen lle bu cors fyw a byd cyfan gynt yn blanhigion, yn adar ac yn anifeiliaid. Yn sgil y difrod amlwg, bu dadl chwyrn yn Iwerddon am bwysigrwydd amgylcheddol yr hen gorsydd. Canlyniad yr ymgyrch fu ennill statws arbennig i rai o'r corsydd helaeth a elwir yn *blanket bogs*. Roedd y diwydiant torri mawn yn un anodd ei gynnal yn y bôn, oherwydd tanwydd na ellir mo'i adnewyddu yw'r mawn. Eto i gyd, prin y gellid gweld bai ar yr hen bobol oedd yn parchu'r corstir ac yn mynd yno i weithio bron fel yr aent at yr allor i addoli. Mae rhai yn dal i wneud, ond mae gwanc y peiriant a gofynion yr oes wedi rhoi terfyn ar y ddefod gymunedol. Yn y cyfamser, mae'r diwydiant wedi ei aildrefnu ac wedi symud gyda'r oes.

# Yr Hen Iaith

Mae ôl yr hen iaith ar yr holl arwyddion ffyrdd yn Iwerddon. Gwêl pob ymwelydd enwau megis Ballymore, Inis, Caiseal, Kilkenny a Mullagh wrth deithio drwy'r wlad. Mae'r enwau llefydd yn dystiolaeth i'r ffaith mai Gwyddeleg fu iaith y wlad benbaladr gynt. Yn hynny o beth, tebyg iawn yw crwydro heolydd Cymru i grwydro heolydd Iwerddon: mae'r arwyddion ffyrdd yn ein harwain i'r gorffennol.

Fe ŵyr y byd rygbi mai pedair talaith sydd yn Iwerddon: Connacht, Munster, Leinster ac Ulster. Rhennir pob talaith yn nifer o swyddi a elwir yn *counties*. Trideg dwy sir sydd yn Iwerddon, a chwech o'r rheini yn perthyn i Ogledd Iwerddon. Mae'r siroedd hyn yn gymharol newydd, ond cyn yr ail ganrif ar bymtheg, cyfeiriai'r Gwyddel at diriogaethau eraill. *Tír* yw enw rhai o'r hen diriogaethau: *Tír Chonaill* yn swydd Donegal, *Tirawley* yn swydd Mayo, a *Tír Eoghain*, enw gwreiddiol swydd Tyrone. Enwau Gwyddeleg yw'r rhain oll, wrth gwrs. Prin iawn yw'r llefydd y mae eu henwau gwreiddiol yn Saesneg, a pha ryfedd? Tebyg yw hanes Iwerddon a Chymru yn hyn o beth hefyd. Cyn y ddeunawfed ganrif, neu'n wir cyn y bedwaredd ganrif ar bymtheg yn y gorllewin, iaith estron oedd yr iaith fain i'r Gwyddel ac i'r Cymro fel ei gilydd.

Mae hynny yn amlwg yn ardal Galway hefyd. Tan y pumdegau, y Wyddeleg oedd iaith y bobol, nid yn unig yng nghefn gwlad ymhell o'r canolfannau masnachol, ond ar gyrion y ddinas ac yn y plwyfi ymylol sy'n faestrefi estynedig erbyn hyn. Wrth nesáu at y dref, ar y ffordd o'r de neu o'r dwyrain fe welwn *Uarán Mór*, sef Pistyll Mawr. Ar y dde mae maes awyr *An Carn Mór*, Y Garnedd Fawr, ac yn y man fe gyrhaeddwn *An Rinn Mhór*, sef y Penrhyn

85

Mawr. Gan ddilyn yr heol fe ddown yn syth i Moneennagisha, Sarn Mawndir, sy'n golygu llwybr ar dir gwlyb. Ar y chwith mae *Loch an tSáile*, sef Llyn Heli, a chawn fynd i ganol y dref ar *Bóthar Mawr*, y Ffordd Fawr.

Yng nghanol y dref, arferir enwau Saesneg ar y strydoedd, ond wedi croesi'r afon, enwau Gwyddeleg a welwn unwaith eto. Pentref pysgota oedd *An Cladach*, Trefdraeth tan y ganrif ddiwethaf. Gwyddeleg a siaredid yno dafliad carreg o furiau'r dref, ond tai clom di-raen oedd yn y pentref, ac fe gawsant eu dymchwel yn y tridegau. Gan symud ymlaen ar hyd *Bóthar na Trá*, Ffordd y Traeth, awn heibio i *Bóthar na nDeich bPínn*, Heol Deg Ceiniog – i *Léana Báite*, sef Llain y Boddi. Tystiolaeth i'r ffaith y codai'r llanw yn uchel iawn cyn adeiladu'r prom yw'r enw hwn, a gorlifo yw ystyr 'boddi' yma. Rhyw filltir neu ddwy ymhellach, mae maestref *Cnoc na Cathrach*, sef Cnwch y Gaer, hen gaer gynhanesyddol. Er mwyn cyrraedd *Cnoc na Cathrach*, awn trwy *Claí Bán*, y Clawdd Gwyn, terfyn y ddinas pan oeddwn i'n blentyn. Ymestyn tua'r gorllewin mae'r heol yn y fan hon i gyfeiriad *Cois Farraige*, sef glan y môr.

O'r tridegau hyd at y chwedegau, trwy'r Wyddeleg yr oedd trwch plant Iwerddon yn derbyn eu haddysg gynradd. Oherwydd hynny, mae gan nifer fawr o genhedlaeth fy nhad – y genhedlaeth a aned yn ail chwarter yr ugeinfed ganrif – storfa o ffeithiau, ymadroddion a gwybodaeth yn iaith yr ysgol. Wedi gadael yr ysgol fach, symud i fyd addysg Saesneg a wnâi llawer o'r genhedlaeth honno, ond mewn rhai ardaloedd roedd addysg uwchradd yn y Wyddeleg ar gael hefyd.

Dibynnai hynny ar y sefyllfa yn lleol – ar yr urdd eglwysig oedd yn gyfrifol am yr ysgol – ac ar frwdfrydedd a blaenoriaethau'r penaethiaid a'r athrawon unigol. Erbyn iddi ddod yn bryd i nghenhedlaeth i fynychu'r ysgol, roedd cael addysg Wyddeleg yn beth anghyffredin. Serch hynny, trwy'r Wyddeleg y ces innau fy addysg yn yr ysgol fach, ac yn yr ysgol uwchradd hefyd gan mwyaf.

Mae'n syndod y gellid dysgu'r iaith i filoedd o blant am ddegawdau heb iddi gydio ac egino, a dod yn gyfrwng naturiol iddynt sgwrsio ynddi. Yn wir, ychydig iawn o Wyddelod sy'n medru'r iaith yn iawn. Iaith yr ysgrythur, iaith yr ysgol, iaith gudd a dirgel y traddodiad llên, iaith yr hynafiaid, iaith yr awen, ac iaith trallod a dioddefaint hefyd: dyna oedd y Wyddeleg i Wyddelod yr ugeinfed ganrif.

Gofynnir weithiau pam y bu i adfywiad yr iaith fethu. Mae'n debyg bod ateb syml i'r cwestiwn, er nad yw'r ateb hwnnw'n gwbl foddhaol. Mae adfywio iaith yn llwyddiannus yn beth pur eithriadol. Pan dderfydd iaith, mae eisiau ymdrech eithriadol i'w hadfer. Ni fu ymdrech eithriadol yn Iwerddon i wneud hyn. Bu rhai unigolion brwd yn gweithredu, wrth gwrs, ond cefnogaeth lugoer a gafwyd gan y Weriniaeth. Eu gwaith nhw oedd codi tai, llywodraethu a datblygu'r economi – a'r amcanion hynny'n rhai teg a chyfiawn. Roedd yr iaith yn symbol bwysig a gwerthfawr, ond ni choeliai nifer o wleidyddion iddi fod yn gyfrwng teilwng i ddisgwrs cyfoes y genedl. Gellid cymharu'r Wyddeleg â'r iaith Ladin: iaith swyddogol sefydliad, sef yr eglwys Gatholig, ond iaith heb iddi ddyfodol ar na stryd nac aelwyd.

Er gwaethaf hyn i gyd, fe ddaeth y Wyddeleg yn iaith i mi. Sut hynny? Yn un peth, oherwydd i mi glywed y Gymraeg pan oeddwn yn ifanc iawn, a daeth fy nghlust i arfer â seiniau a goslef mwy nag un iaith cyn i fi ddysgu siarad. Hefyd, roedd fy nhad yn medru Gwyddeleg, er nad oedd yn siaradwr iaith gyntaf. Saesneg fu iaith y teulu ers tair neu bedair cenhedlaeth, fel pob teulu yn Iwerddon, bron iawn. Fodd bynnag, oherwydd iddo fynychu ysgol Wyddelig iawn a chymryd at yr iaith, a chael treulio peth amser ar aelwyd Wyddeleg yn ystod y gwyliau, fe'i dysgodd. Yn wir, medrai ddigon o Wyddeleg i ddarlithio mewn Biocemeg yn Galway yn y saithdegau.

Cofiaf ddod adref o'r ysgol feithrin yn bump oed. Y diwrnod hwnnw, roedd cwestiwn wedi codi ai i ysgol St Endas yn Salthill ynteu i ysgol y Jeswitiaid yn y dref yr oedd pob plentyn eisiau mynd. Cawsom rybudd am ysgol y dref: trwy'r Wyddeleg y byddai'r gwersi yn y fan honno. Cofiaf feddwl mai dyna fyddai orau, a gwneud y penderfyniad yn y fan a'r lle. Dim ond dwywaith y gwelais fy nhad yn neidio lan a lawr mewn llawenydd. Dyma oedd y tro cyntaf: pan ddywedais wrtho y diwrnod hwnnw fy mod wedi penderfynu mynd i'r ysgol Wyddeleg.

Bechgyn yn unig oedd yn ein hysgol gynradd ni. Doedd ysgolion cymysg ddim yn gyffredin yn Iwerddon ar y pryd. Bechgyn o'r dref oeddent, ac er bod aelwyd pob un yn bleidiol i'r Wyddeleg, ac er bod y Wyddeleg yn iaith y dosbarth a'r gwersi, Saesneg oedd iaith yr iard. Serch hynny, yr wythnos gyntaf yn yr ysgol fawr, a finnau erbyn hynny yn un ar ddeg, mi ges droëdigaeth. Des i ddeall y gwahaniaeth rhwng gweld yr iaith fel pwnc, a'i sgwennu'n dwt heb gamdreiglo, cael marciau llawn, adrodd cerddi, dysgu enwau Gwyddeleg holl siroedd Iwerddon, yr afonydd, y bryniau – deall y gwahaniaeth rhwng hyn i gyd a'i siarad go iawn bob awr o'r dydd.

Sefyll wrth y ffenest oedd y ddau a berodd y droëdigaeth i fi, y ddau o ardal Cois Fharraige. Bechgyn deuddeg oed nad oedd yn medru fawr ddim Saesneg, wedi eu hanfon i'r dref i ddysgu. Roedd nifer ohonynt yn yr un dosbarth â fi, ac nid nhw oedd yr unig rai oedd yn siarad Gwyddeleg ymysg ei gilydd yn y cwmni. Roedd eu hiaith nhw yn wahanol i iaith yr ysgol. Llif di-dor, naturiol oedd hi o'i chymharu â siarad trwsgl pobol ail iaith y dref. A dyna'r tro cyntaf i fi ddeall mai ar lafar gwlad mae'r iaith go iawn – nid yn y dosbarth! Yn ystod fy amser yn yr ysgol fawr wedyn, cwmni bechgyn Cois Fharraige oedd orau gen i, ac mi es i feddwl mai ieithydd roeddwn i eisiau bod, beth bynnag yw ystyr hynny.

## BETH YW'CH ENW CHI?

Yng Nghymru, un enw sydd gan bawb. Wrth gwrs, mae rhai yn cael eu hadnabod wrth y man lle maen nhw'n byw, neu lle cawson nhw'u magu. Mab Llinos Cwrt ydw i ambell waith, am i

Mam gael ei magu am sbel yng Nghwrt Mawr, Llangeitho. Arfer arall ymhlith rhai Cymry yw defnyddio enw un o'u rhieni yn gyfenw wrth ychwanegu 'ap'. Mae hynny'n debyg i'r ffordd mae'r Gwyddelod yn cydnabod eu hachau. Hyd yn ddiweddar iawn, ac yn wir hyd y dydd heddiw, ychwanegir enw tad-cu neu fam-gu at enw dyn, ac yn wir enwau rhagor o'i hynafiaid yn ôl y galw. Nid enwau'r tad a'r tad-cu sydd raid eu rhoi bob amser os bu'r fam neu'r fam-gu yn gymeriadau cryf.

Ar un adeg yn Iwerddon, roedd trwch y boblogaeth yn Wyddelig eu tras, yn Wyddelig eu hachau, ac yn Wyddelig eu henwau; ond gwyddom fod hynny wedi esgor ar lu o enwau Saesneg sy'n cynnwys *mac* (mab) neu *Ó* (ŵyr). Wrth gwrs, ers yr unfed ganrif ar bymtheg pan ddatgymalwyd yr hen ffordd Wyddelig o fyw gan y goron, roedd cannoedd o enwau a chyfenwau newydd wedi cyrraedd glannau Éire. Cofiaf brifathro ein hysgol ni yn trafod yn ddwys gydag un o'r athrawon eraill, beth fyddai enw dosbarth Vernon Rushe? Roeddynt mewn penbleth. Fe fethont yn deg â dad-Seisnigeiddio Vernon, ac o'r diwedd cafodd Rushe ei drosi yn *de Rúis* – a'r *de* yn hanu o oes ac iaith y Normaniaid.

Pan sefydlwyd Gweriniaeth Iwerddon, a phennu'r Wyddeleg yn iaith y dosbarth yn yr ysgolion, atgyfodwyd hen arferion enwi plant. Er gwaethaf y ffaith bod yr enwau teulu brodorol wedi eu hen Seisnigeiddio, cafodd pob plentyn ei ailenwi.

Roedd ein teulu ni'n enghraifft ddiddorol hefyd. Desmond Johnson yw fy nhad. Ffurf Saesneg ar *Deasún* yw'r enw cyntaf, ond beth yw tarddiad ein cyfenw? Ai Albanwyr a ddaeth draw i'r Gogledd o Johnstown? Ai ffurf Saesneg naill ai ar *Mac Seáin* neu *Mac Eoin*? Ai 'mab John' yn syml iawn? Anodd gwybod. Beth bynnag yw'r esboniad cywir, *Deasún Mac Seáin* oedd fy nhad yn yr ysgol. Pan aeth fy chwaer i'r ysgol, cafodd Miriam fod yn *Muireann Nic Eoin*, er mai enw Hebraeg oedd ganddi.

Roedd trosi fy enw i'n syml ddigon i'r athrawon. Mi ges fod yn *Diarmuid Mac Seáin*. A ninnau'n blant, nid oedd enw dosbarth yn ddim mwy na rhan o baraffenelia'r ysgol, fel y sêr ar ein llyfrau copi, neu'r bachyn i bob un hongian ei gôt arno. Erbyn mynd i'r ysgol uwchradd fe aeth y ddeuoliaeth yn boendod i fi, a bu'n rhaid gwrthryfela. Perodd hynny syndod mawr i'r prifathro ac i'r athro Gwyddeleg. Dyma un o'r disgyblion mwyaf brwd dros yr iaith Wyddeleg, un o'r disgyblion mwyaf parod i siarad yr iaith yn y dosbarth ac ar yr iard, ac yntau'n ymwrthod â'r enw Gwyddeleg y dylai ei arddel yn ôl yr arfer.

Yn wir, fe aeth hi'n frwydr rhyngof a'r athro Gwyddeleg. Pan alwai fi wrth fy enw dosbarth, smalio fy mod heb glywed fyddwn i. I fi, nid oedd yr enw *Mac Seáin* yn cynrychioli unrhyw un. Enw neb oedd e. Fe barhaodd yr ymgyrch ryw ddwy flynedd. Erbyn ymadael â'r ysgol, roeddwn wedi ennill yr hawl i alw fy hunan wrth gyfenw go iawn fy nhad a nhad-cu. Er, mi wnaeth yr enw dosbarth fy nilyn fel bwgan, ac i'r coleg hefyd. Yn wir, credaf fod ambell un yn Iwerddon yn dal i fy ngalw'n *Mac Seáin*, a finnau yn eu hanwybyddu byth.

*Egwyddor* yr arfer oedd wrth wraidd yr anghydfod ac wrth wraidd fy ymgyrch anghydffurfiol. Egwyddor seml yw hi: bod gan bob un hawl i ddefnyddio ei enw ei hun! Y drwg yn y caws oedd y rhagdybiaeth eithafol ar ran yr awdurdodau mai enw Gwyddeleg oedd enwau pawb yn Iwerddon, a thybio y dylai pawb fodloni ar yr enwau hynny. Deillio o wreiddiau cenedlaetholgar y wladwriaeth Wyddelig oedd yr arferion ceidwadol hyn. Nid *creu* gwladwriaeth oedd unig fwriad nifer o ddynion disglair yr oes, ond *adfer* yr hyn a gollwyd – Afallon!

## CAIRDE CYMRU

'Rhoi hysbyseb yn y papur fyddai orau,' meddyliais wrthyf fy hunan yn hirben ddigon yn ystod 1987. Anfon at y wasg: 'Cwrs Gwyddeleg trwy gyfrwng y Gymraeg. Connemara. Wythnos ym Mehefin. Rhagor o fanylion...' Mi ges ateb gan chwech o bobol: Gary a Nia o Bontardawe, Ceri o Gaerdydd, Delyth o Aberystwyth a Rhiannon ac Enid o Gaernarfon. Felly y ganed

Cairde Cymru (Cyfeillion Cymru). Wedi derbyn cadarnhad gan y chwe chyfaill, roedd yn rhaid mynd ati o ddifri i drefnu'r cwrs. Ysgrifennais atynt gan ddweud mai ar Ynys Aran y byddai'r cwrs yn cael ei gynnal. Byddai'r gymdeithas – sef y fi – yn cwrdd â'r ymwelwyr ar y cei yn Nulyn, yn eu cludo i harbwr Rosamhíl yn y gorllewin pell, a'u hebrwng ar y cwch i'r ynys. Byddai pawb yn lletya mewn gwesty bach clyd a byddai'r gwersi yn yr ysgol leol. Gyda'r nos, rhagwelid cynnal adloniant traddodiadol yn y tafarndai lleol. Dyfynnais bris rhesymol iawn am yr antur.

Roedd prifathro'r ysgol ar Ynys Aran wrth ei fodd â'r syniad. (Digwydd bod, roedd ei wraig yn rhedeg y gwesty.) Cyn pen dim, roedd popeth yn ei le, a finnau'n dechrau meddwl, 'Bydd rhaid i fi ddysgu'r bobol 'ma nawr'. Cyn ymroi i lunio pwt o gwrs, mi benderfynais y byddai'n syniad call cael sgwrs â'r disgyblion i wneud yn siŵr eu bod yn bobol go iawn oedd yn bwriadu talu yn y man.

Doedd dim ffôn gyda fi yn y tŷ ar y pryd: byngalo newydd yn Furbo, rhyw wyth milltir o Galway, oedd pencadlys y gymdeithas ifanc. Mynd at y ffôn cyhoeddus rhyw filltir i ffwrdd tu fâs i siop Billy oedd raid felly. Mynd â llond dwrn o arian mân i fwydo'r teclyn tra byddai'r sgwrs yn mynd rhagddi. Mynd tua deg o weithiau i gyd fu raid yn y diwedd erbyn cysylltu â phawb a chyflwyno fy hunan, a dweud peth o fy hanes. Roedd hi wedi mynd yn fusnes tipyn drutach na'r disgwyl yn barod, ond roeddwn i dipyn tawelach fy meddwl ynglŷn â'r fenter bellach.

Y bore roeddwn i fod cwrdd â'r ymwelwyr, aethom i Ddulyn yn gynnar iawn. Llogwyd car a'i yrru gan fy nghariad, ac mi ofynnais i ffrind ddod â char arall. Buick mawr o America oedd gan Seán ar y pryd, yr oedd ei chwaer wedi ei fewnforio o'r Unol Daleithiau. Mi gnociais ar ddrws Seán toc wedi saith. 'Wyt ti ar dy draed?' 'Newydd godi.' Seán druan. Porthor mewn clwb nos oedd e, ac wedi dod adre'n hwyr. Yn wir, roedd ffrwgwd wedi bod yn y clwb y noson cynt. Peth cas oedd gofyn iddo yrru i Ddulyn

91

ac yn ôl o dan yr amgylchiadau, ond doedd dim dewis. Byddai'r Cymry'n cyrraedd gwlad yr addewid ymhen tair awr, felly ffwrdd â ni.

Diwrnod gweddol ddiffwdan a gafwyd, a thaith hwylus i'r ynys yn y pen draw, oni bai am un peth. Pan ddaeth y teithwyr oddi ar y llong yn Nulyn, roeddem un yn brin. Ni ellid cael hyd i'r cyfaill Dafydd Bates. Ar ôl sefyllian am sbel fach a chrafu pen, penderfynwyd mai mynd fyddai raid, neu fel arall golli'r cwch yn Rosamhíl y pen arall fyddai ein hanes. Byddai'n rhaid i'r ddafad goll gael hyd i'w ffordd ei hun yn ôl i'r gorlan.

1987 oedd hi'r flwyddyn honno, a heolydd Iwerddon heb eu datblygu'n draffyrdd mawr modern. Gan fod y trên yn grocbris, a thrafaelu ar y bysys yn epig bob tro, byddai tipyn o bobol yn bodio yn y dyddiau hynny. 'Efallai welwn ni Dafydd yn ymyl y ffordd,' meddyliais. Âi bysys Dulyn hyd at Maynooth adeg hynny, ac ar y ffordd allan o Maynooth y byddai pobol yn aros am lifft i'r gorllewin. Doedd neb yno pan aethom heibio. Roeddwn wedi hen anobeithio am adfer Dafydd i'r praidd.

Rhyw awr yn ddiweddarach, ar gyrion Athlone, tua hanner ffordd i Galway, dyma weld dyn talsyth a'i fawd yn y gwynt. 'Stopia'r car, Seán,' meddwn i, a rowlio'r ffenest i lawr. 'Are you Dafydd Bates?' meddwn wrth y dyn. 'I am!' meddai hwnnw'n syn a'i lygaid yn pefrio wrth weld y criw bach sionc yn y Buick mawr moethus. 'Y ni yw Cairde Cymru. Mewn â chi,' a meddwl wrthyf fy hunan, 'Rhaid bod ffawd o'n plaid'.

Rhyw asgwrn o ynys yng ngenau'r bae yw Árainn, y môr a'r gwyntoedd yn ei chnoi ac yn ei blino o hyd. Naw milltir yw'r ynys ar ei hyd o Iaráirne i Bun Gabhla, a rhyw hanner milltir ar draws. Pan fydd hi'n stormus, bydd yr ewyn yn codi o bair yr Iwerydd a thasgu dros y clogwyni gan ymdaenu'n wlith hallt dros doeau'r tai ochr draw. Pan fydd yr hin yn deg, mae Aran yn baradwys. Tua'r gogledd mae bannau Connemara yn gwthio'u pennau moel trwy'r cymylau, y môr cynddeiriog fel llyn hwyaid a'r awyr yn nes nag arfer, gyda lliwiau'r byd yn bur ac yn llesmeiriol.

Nid y golygfeydd trawiadol yn unig sy'n denu'r ymwelwyr i ynysoedd Aran. Mae'r etifeddiaeth archaeolegol yno yn gyfoethog ac yn amrywiol iawn. *Dún Aonghus*, Caer Aonghus, a *Dúchathair*, Y Gaer Ddu; dyma ddwy hen gaer hynod ar ddibyn y creigiau ganllath uwchben y môr. Pwy a'u hadeiladodd a pham? Ai dyma warchodfa olaf y llwythau oedd yn byw ar yr Ynys Werdd yn yr Oes Efydd, cyn iddynt gael eu goresgyn gan y Gwyddelod Celtaidd cyntaf? Yr unig ateb pendant yw mudandod y cerrig.

Bu Aran yn gyrchfan i'r saint cynnar fil o flynyddoedd wedi codi'r caerau, ac mae'r ynysoedd yn frith o adfeilion sy'n dwyn enwau'r gwynfydedig rai: Caomhán, Bréanann, Éanna, Rónán ac eraill. Gellir gweld darlun hynod fyw wedi ei naddu yn y garreg yn Cill Éinne, sef dyn yn marchogaeth ceffyl bach. Ar ddechrau'r cyfnod modern yn yr ail ganrif ar bymtheg, cafodd castell a gwersyll eu hadeiladu gan y Sais er mwyn cadw'r carcharorion fu'n gwrthryfela. Tynged dost nifer o'r rheini oedd caethwasiaeth yn Barbados bell.

Yn gynnar yn yr ugeinfed ganrif, cydiodd byd cyntefig trigolion yr ynys yn nychymyg y genedl o ganlyniad i ddwy ddrama John Millington Synge, sef *Riders to the Sea* a *Playboy of the Western World*. Fe ddaeth y ffilm arloesol gan Robert O'Flatherty, *Man of Aran*, yn glasur bydenwog ar ôl iddi ymddangos yn 1934. Un o Aran oedd y nofelydd Liam Ó Flaithearta hefyd. Ymhlith ei lyfrau mae *Famine*, disgrifiad cignoeth o'r newyn mawr a dorrodd galon y wlad rhwng 1845 ac 1848.

Llecyn llawn symbolaeth oedd yn llwyfan i'r cwrs Gwyddeleg felly, ond nid pawb oedd yn ymwybodol o'r hanes oll. Cofiaf grŵp o Americanwyr ar y cei wrth inni aros am y cwch. Wrth syllu'n gibddall braidd ar y gorwel, dyma un hen ferch yn gofyn yn gwbl ddidwyll: 'Is that the Isle of Wight?'

Gyda cheffyl a thrap yr oedd y bobol yn trafaelu ar yr ynys gynt, a phan ddaeth y twristiaid cyntaf, modd i ennill ceiniog ddiogel oedd pedwar carn a dwy olwyn. Dywedodd un o'r

93

gyrwyr wrthyf fod rhai o'r ceffylau wedi dod o Gymru, ac yntau wedi eu prynu yn y ffeiriau ceffylau yn Iwerddon. Mi es i feddwl bod rhai o'r ceffylau fu yn Aran ar wahanol adegau wedi bod yn y ffair fawr yn Llanybydder efallai. Roedd y syniad hwnnw'n apelio ataf, ond hwyrach mai rhamant oedd hynny.

Rhamant neu beidio, y diwrnod y cyrhaeddodd saith o Gymry anturiaethus gei Cill Rónáin, nid ceffyl a thrap oedd yn disgwyl amdanynt, ond rhes o fysys mini, a bechgyn digon slei yr olwg wrth fymper pob un. Dyma un yn bachu fy mhenelin a chymryd fy mag. 'Lifft?' A chan ddechrau amneidio ar y lleill, pwyntio at fws glas. 'Y bws glas,' meddwn i wrth y grŵp ar dop fy llais rhag i'r gwynt foddi fy ngeiriau. Gwgu arnaf wnaeth y dyn a 'nghywiro, 'an bus gorm'. Ystyr *glas* yn y Wyddeleg yw *gwyrdd*, ac ofni oedd y brawd mai cyrchu'r bws gwyrdd oedd ein bwriad er gwaethaf ei ymdrechion. 'An bus gorm,' meddwn i wrtho yn y Wyddeleg yn gadarnhaol. A throi at y lleill, 'Y bws glas...'

Byd diramant oedd cystadlu bois y bysys yn erbyn ei gilydd. Byw yn gynnil fu'r bobol ar yr ynys erioed, ond gwelai rhai well byd ar y gorwel gyda thwf twristiaeth gan achub ar y cyfle yn awchus. Erbyn diwedd y nawdegau, roedd perchennog ein bws glas ni wedi dod yn filiwnydd.

Yn ystod y ddwy flynedd nesaf, fe ddaeth cynnydd yn nifer y bobol a ddymunai fynychu cyrsiau Cairde Cymru. Yn 1990, daeth ugain o ddysgwyr i'r cwrs a drefnwyd gan y gymdeithas yn Cill Chiaráin, pentref bach yng ngogledd Connemara. Y flwyddyn honno, cawsom beth arian gan *Údarás na Gaeltachta*, WDA gorllewin Iwerddon; ac fe gynigiodd cyngor Dwyfor ddwy ysgoloriaeth i ddisgyblion o'r sir honno. Cafodd y cyrsiau eu cynnal am bum mlynedd o'r bron. Roedd y fenter yn un go ffrwythlon. Bu un briodas, 'da o ddwy ynys', ac fe ddaeth mwy nag un o'r cyfeillion yn gryn feistri ar yr iaith.

Er na wyddem hynny ar y pryd felly, cipolwg breintiedig ar ddyddiau olaf yr hen Aran a'r hen Cill Chiaráin a gafodd Cairde Cymru rhwng 1988 ac 1992. Mae llawer iawn o bobol yn dal i siarad yr iaith Wyddeleg yn yr ardaloedd hynny mae'n wir, ond clywir yr iaith Saesneg ym mhob man bellach serch hynny. Dyma un hanes a fyddai'n llai tebyg o ddigwydd heddiw. Ddwy flynedd o'r bron, cynhelid cwrs Cairde Cymru ym mhlwyf Cill Chiaráin yng ngogledd Connemara. Roedd yn ardal ddelfrydol ar gyfer y cwrs oherwydd ar ddechrau'r nawdegau, roedd y gymuned yn uniaith Wyddeleg bron. Ar ben hynny, roedd canolfan newydd sbon wedi agor ar bwys yr hen ysgol fach. Ar ôl gwersi'r bore, arferem fynd am dro yn y cyffiniau pe bai'r tywydd o'n plaid. Un prynhawn, dewiswyd llwybr y mynydd, a dyma ryw ddwsin o'r grŵp yn anelu at y corstir uchel.

Mae'r gair 'ffarmio' yn golygu gwahanol bethau yng ngorllewin Iwerddon lle mae'r pridd yn brin a'r tir yn greigiog. Cadw defaid ar y mynydd mae rhai, a'r diwrnod hwnnw fe gwrddom ag un ohonynt, Seán Devaney. Roeddwn yn nabod Seán oherwydd buom yn rhannu ystafell unwaith yn y gwesty yn ystod yr *Oireachtas*, Eisteddfod y Gwyddel. Câi'r cystadleuwyr lety am ddim, a hael iawn oedd y ddarpariaeth i bobol o'r fro Wyddeleg. Gyrru rhacsyn o hen gar oedd Seán, rhywbeth na welsai ddisg treth na ffurflen yswiriant ers llawer dydd, mae'n debyg. Roedd haid o blant yn y car gyda fe hefyd, a dyma nhw'n stopio ar ein pwys ni ac yn dod mas i'n cyfarch.

Roedd disgyblion y cwrs wrth eu boddau. Dyma wladwr i'r carn yn ei gynefin yn dod i'w plith i siarad yr hen iaith. Ar ôl rhyw ddwy neu dair munud, cofiodd Seán pwy oeddwn i, sef y boi oedd yn chwarae'r ffliwt. Yn Iwerddon, mae sawl math o ddawns draddodiadol, rhai i gyplau ac ati, a rhai i unigolion. Roedd Seán yn ddawnsiwr penigamp yn y dull *sean nós*, sef yr hen ddull.

Yn digwydd bod, roedd y ffliwt yn fy mhoced gyda fi. Felly dechreuais chwarae 'The Swallow's Tail' iddo fe, ac yntau'n dechrau dawnsio yn y fan a'r lle. Roedd disgyblion y cwrs yn edrych ar ei gilydd yn syn ac yn rhyfeddu bod shwt beth yn digwydd. Roedd gan Seán fwstásh fel *hussar*, cnwd o wallt cyrliog ar ei ben a'r gwynt yn cuddio ynddynt, a Seán yn codi ei

95

freichiau – yn anghonfensiynol braidd – wrth i'w draed glatshan ar borfa wlyb. Yng nghanol y perfformiad, dyma'r plant yn dechrau gweiddi. Roedd dafad yng nghefn y car wedi dod mas trwy'r ffenest ac yn prysur ddianc dros y gors bellach. Rhegi yn goch wnaeth Seán, a'i baglu hi yn ei welingtwns dawnsiwr penigamp ar ôl y ddafad goll, a'r plant hwythau yn llawn sŵn pert y Wyddeleg wrth ddilyn y ddafad a'u tad ar draws y mynydd. Welon ni mohonynt eto y diwrnod hwnnw.

# Môr o Gerddoriaeth

Dechreuais ymhél â cherddoriaeth yn saith oed. Roedd hynny braidd yn hwyr, mae'n wir, ond trwy ddyfalbarhad, mi ddes yn feistr bach o rywfath ar y chwiban – y 'penny whistle' – erbyn i fi fod yn naw oed. Fy nhad wnaeth fy arwain i fyd cerddoriaeth, er mai fe oedd yr un angherddorol ar yr aelwyd. Tua 1972, fe ddechreuodd fynychu gwersi chwiban gyda Frankie Gavin ym Mervue, Galway. Roedd Frankie yn ddeunaw oed ar y pryd, a newydd ffurfio *Dé Danann*, y grŵp traddodiadol a enillodd fri yn America, ac yng ngŵyl y Cnapan yn fuan wedyn. Unwaith yr wythnos, byddai Frankie yn chwarae yn Cullen's Bar ar bwys y stesion yn Galway, lle cwrddodd fy nhad ag ef.

Ar ei ben ei hun yr âi fy nhad i weld y cerddor ifanc o fri yn gyntaf, ond mi ofynnais a gawn fod yn gwmni iddo, a dyma fynd gyda'n gilydd. Ffidil mae Frankie yn chwarae fwyaf, ond fel llawer o gerddorion Iwerddon, fe fwrodd brentisiaeth ar y chwiban yn gyntaf. Yn wir, mae sôn iddo chwarae ar y llwyfan yn Caherlistrane yn bedair oed. Caherlistrane ar lannau dwyreiniol Llyn Corrib oedd plwyf y Keanes gynt – Dolores a Sean, a'r chwiorydd Sarah a Rita – ac yno y cododd Frankie ei gerddoriaeth yn ifanc iawn. Roedd cael fy nysgu ganddo yn fodd i fi fynd at lygad y ffynnon felly.

Roedd Frankie yn byw gyda'i rieni ar gyrion y ddinas ym Mervue ar y pryd. Yn fuan iawn ar ôl imi ddod yn ddisgybl iddo, fe ddaeth yn enwog. Albwm o'r enw *Frankie Gavin and Alec Finn* oedd yn gyfrifol am hynny yn bennaf. Ac yntau heb gyrraedd ei ugain oed recordiodd Frankie, i gyfeiliant Alec ar y *bouzouki*, un o glasuron cerddoriaeth draddodiadol Iwerddon. Gwaith undydd oedd hi mewn stiwdio yn Efrog Newydd.

Un noson a finnau yn y tŷ yn cael gwers, daeth cnoc ar y drws. Un o'r bechgyn lleol oedd yna eisiau gwybod a ddeuai Frankie mas i chwarae pêl-droed. Clywais lais y ffidlwr yn esbonio bod gen i wers, ond gwyddwn nad dyna oedd yr unig reswm. Roedd Frankie yn cerdded yn gloff. Perai hynny ofid iddo, a pheth cywilydd mae'n debyg, a'i ysgogi i ddisgleirio yn fwy na neb arall ym maes cerddoriaeth.

Y ddau rîl cyntaf i fi eu dysgu oddi wrtho oedd 'The Greenfields of Rossbeigh' a 'Darby's Farewell to London'. Uchelgeisiol braidd oedd y naill, a'r llall yn dôn newydd ei chyfansoddi gan Josie McDermott o Ballinafad, Sligo. Doedd fawr neb wedi ei chlywed eto, ac roedd i fod i gael ei chanu gan gerddor hyderus felly. Mi es adref a dysgu'r dôn, a'i chwarae iddo'r wythnos ganlynol. Cofiaf ei ymateb syn, 'What age are you now?' 'Thirty six,' meddwn i yn hy. 'Ah you're not!' medde fe gan chwerthin. 'Nine,' meddwn i wedyn. 'That's quare playin' for nine.'

Gwthiai Frankie fi i gystadlu yn y *feis* a'r *fleadh*, rhywbeth tebyg i'r eisteddfod mewn ffordd, ond nid oeddwn yn uchelgeisiol iawn, na nhad chwaith o ran hynny. Gwell gennym oedd chwarae ambell ddeuawd bach yn y tŷ bob hyn a hyn – 'Planxty Irwin', 'Haste to the Wedding', 'An Ghaoth Aneas' neu 'Merrily Kiss the Quaker's Wife'.

Roedd chwarae alawon, *slow airs*, yn dipyn o grefft, a mawr ei barch oedd yr un a allai ganu alaw'n gaboledig. Daeth fy nghyfle i. Ar y pryd, treuliai bron iawn pob dosbarth yn yr ysgol, yn enwedig yn y wlad, beth amser yn dysgu chwarae'r chwiban, ond go gyntefig oedd y dulliau. Deugain o fechgyn yn cydchwarae mewn rhesi, a'r rhan fwyaf ohonynt heb dechneg o fath yn y byd, dim ond yn chwythu nerth eu bogel a chreu sŵn aflafar, croch. A finnau'n cael gwersi cyson gyda'r nos, gwastraff oedd y gwersi ysgol i fi, ond fy ngwaith i wedyn oedd sefyll o flaen y dosbarth i chwarae'r alaw ac arwain y lleill.

Un diwrnod, a ninnau yng nghanol gwers, dyma un o'r offeiriaid yn digwydd taro i mewn. Eisteddodd a gwrando.

Ces wahoddiad yn fuan wedyn i chwarae ar yr allor yn ystod yr offeren. Tua'r diwedd, ar ôl i bobol dderbyn yr afrlladen yn gymun, wrth i'r offeiriad olchi'r ffiol ar ôl troi'r gwin yn waed yr Iesu a glanhau'r ddysgl ar ôl troi'r bara yn gnawd yr Iachawdwr, dyna pryd bydd saib wrth i'r dorf weddïo'n dawel gan ddiolch i Dduw am ei radlondeb, am aberthu ei fab ac erfyn arno am faddeuant am eu pechodau, ac am nerth i drechu temtasiynau'r gŵr drwg. Yn ystod y pum munud cysegredig hynny, cawn gyfle i chwarae. Dyna beth oedd gogoniant. Llond yr eglwys yn gynulleidfa. Clywed pob nodyn persain yn llanw'r adeilad enfawr hyd y distiau a'r nenbrenni uchaf gan atseinio'n wefreiddiol.

Tua dwy flynedd y parhaodd fy ngyrfa ar yr allor. Erbyn mynd i'r ysgol uwchradd, mi rois heibio'r gerddoriaeth am sawl blwyddyn. Diffyg cwmni oedd y rheswm, diffyg darpariaeth ar y pryd yn yr ysgol, a phwysau i chwarae pêl-droed. Anodd ailafael wedi rhoi'r gorau iddi, ond dyna ddigwyddodd.

## THE CRANE BAR

Os ewch i Iwerddon, mae'n lled debyg y clywch chi gerddoriaeth fyw. Ac os ewch chi i dafarn yn Iwerddon gyda'r hwyr, a digwydd taro ar y man iawn, ar y noson iawn, mae'n lled debyg y bydd sesiwn ymlaen. Ystyr hynny yw grŵp o gerddorion sy'n cwrdd yn lled anffurfiol i chwarae alawon – jigiau, *reels*, pibddawnsiau, a *polkas* er enghraifft – ac efallai i ganu ambell gân.

Tan y saithdegau, peth cymharol anghyffredin oedd sesiwn mewn tafarn. Mewn rhai tafarnau arbennig, mewn rhai ardaloedd, ar noson arbennig, fe fyddai cerddoriaeth yn cael ei chwarae. Fodd bynnag, ar y cyfan, yn y tai yr oedd y gerddoriaeth yn cael ei chwarae yn Iwerddon gynt. Yn y wlad bryd hynny, byddai pobol yn hel tai, sy'n hen arferiad. Yn wreiddiol, byddai straeon yn cael eu hadrodd ar y pentan ar achlysur felly. Nid oeddent yn annhebyg i nosweithiau chwedleua yng Nghymru yn yr hen amser gynt pan fyddai'r cyfarwydd yn difyrru teulu'r tywysog yn ei neuadd fawr. Ond gyda'r newid iaith, aeth y straeon yn angof yn y ddwy wlad. Yn Iwerddon, gellid dadlau bod dawnsio wedi cymryd lle chwedleua felly. A lle bo dawns, bydd miwsig.

Camarweiniol fyddai dweud bod cerddora wedi symud o'r tai i'r tafarnau ers canol yr ugeinfed ganrif yn Iwerddon, gan mai tafarnau oedd y tai. Nid tafarnau mawr, moethus, modern mo'r tafarnau bryd hynny, ond aelwyd glyd oedd yn rhan o gartref y tafarnwr. Datblygu'n dafarnau wnaeth y tai cwrdd wedi hynny, a'r cerddorion yn dal i gyrchu'r un man. Dyna sy'n esbonio enwau'r tafarnau yn Iwerddon: Donoghue's, Naughton's, Hughes' – enwau teuluol bob un.

Nid enw teulu oedd i'r dafarn lle bwriais i fy mhrentisiaeth gerddorol, ond enw teclyn neu beiriant, The Crane. Ar sgwâr bychan, rhwng Sea Road a Dominic Street yn Galway, mae safle'r craen. Dyna lle câi nwyddau eu pwyso a'u gwerthu gynt. Y rheswm dros adeiladu'r *crane* oedd pwyso llwythi o fawn y byddai pobol Connemara yn eu cludo i drigolion y dref.

Dechreuais fynychu The Crane Bar ar ôl gadael yr ysgol. Milltir a chwarter o ffordd oedd e o'r tŷ. Cerddwn i'r dref dair neu bedair gwaith yr wythnos, a threulio dwy awr yn gwrando ac, yn raddol fach, ddechrau cymryd rhan. Bryd hynny, roedd y cerddorion gorau'n dechrau symud i'r trefi, oherwydd caent chwarae sawl gwaith yr wythnos i ennill digon i dalu'r rhent. Arian parod fyddai'r tâl. Roedd sawl un yn derbyn y *dole* hefyd, tâl diweithdra. Canlyniad hynny oedd i'r safonau chwarae godi yn uchel iawn wrth i'r cwmni chwarae'r nos a chysgu'r dydd. Erbyn diwedd yr wythdegau, roedd Galway yn denu cerddorion o bedwar ban byd, ac yn wledd o sesiynau yn yr haf a'r gaeaf.

Roedd ambell un yn fwy uchelgeisiol na'i gilydd. Roedd dau ohonynt yn byw mewn tŷ gyferbyn â'r Crane Bar. Yn lle segura rhwng sesiynau, roedd ganddynt fusnes bach. Gan eu bod yn mynychu'r tafarnau a'r gwestai, roeddynt yn nabod rhai o'r staff oedd yn gweithio yn y ceginau yn y dref. Eu cynllun oedd trefnu i rywun eu ffonio o'r gwesty yn sgil rhyw broblem gyda'r trydan, gwisgo oferôls yn daclus iawn, a ffwrdd â nhw gyda thŵlbocs gwag yr un. I mewn i'r gegin yn y gwesty wedyn a smalio eu bod yn trwsio'r nam, ond yr amcan oedd llanw'r tŵlbocsys â ffowls wedi eu rhewi a danteithion eraill. I ffwrdd â nhw unwaith eto cyn bod y cig yn dechrau dadmer, a gloddesta gyda'r nos cyn dychwelyd i'r dafarn am ragor o hwyl a chanu.

Fy hoff sesiwn yn y Crane a finnau newydd ymadael â'r ysgol oedd sesiwn Mickey Finn, Gerry Carthy, Seán Ryan a Pat Conneely. Roedd Pat yn canu a chyfeilio ar y gitâr. Athrylith ar y chwiban – 'tin whistle' – oedd Seán. Banjo oedd Gerry yn ei chwarae, a ffidlwr penigamp oedd Mickey. Roedd y bois i gyd yn flewog sobor; gwallt hirlaes hyd at yr ysgwyddau ganddynt, a chap pigyn main ar ben bob un. Dyna oedd ffasiwn yr oes. Ffasiwn arall oedd yr yfed mawr a'r smygu fyddai'n troi'r aer yn gawl cennin. Yr adeg honno, peth prin oedd gwneud recordiau. Mynd i glywed y gerddoriaeth yn fyw oedd raid er mwyn ei flasu. Flynyddoedd mawr ar ôl i fi ei glywed gyntaf, fe wnaeth Seán Ryan record, *Take the Air*. Yn y pen draw, blinodd Gerry ar y chwarae beunos, y diota a'r meddwi a'r mwg cawl cennin, a mynd i America.

Ni wnaeth Mickey record erioed. Trist iawn fu ei ffawd: marw yn oedran yr Iesu a hynny oherwydd goryfed. A siarad yn ddi-eironi, rhoes y ffidil yn y to. Tri deg a thair oed, a'r corff wedi ei wenwyno ag alcohol. Oedd bai ar y tafarnwyr am roi diod am ddim iddo? Dyna a ddigwyddodd. Roedd y dyn yn gelain byw cyn marw. Ei wallt a'i farf a'i gôt fawr yn garthen fochaidd. Dwy lygad ddu yn gwylio'r byd yn flin fel arth wedi ei ddofi. Ei lais yn groch pan gâi nerth i ebychu'n aflednais. Ei wyneb fel pêl rygbi wedi byrstio. Bu ei goes mewn plastr am fisoedd wedi iddo gael codwm yn ei ddiod, ac yna bu'n rhaid iddo wario'i arian ar dacsys o dafarn i dafarn. Treuliais nos Galan yng nghwmni Mickey yn 1985. Nid oedd yn fy nabod drannoeth. Daeth llwyddiant i ran nifer o gerddorion Gwyddelig ers hynny, ond unig iawn oedd rhai o'r arloeswyr yn eu dydd. Pan fyddaf yn chwarae 'The Trip to Durrow' heddiw, clywaf sain ei ffidil yn lliw dulas a phorffor i gyd.

Clywais mai rheolwr banc yn y canolbarth oedd ei dad. Ni wn a yw hynny'n wir ai peidio ond, yn ôl y sôn, diarddel y mab a wnaeth y tad. Er mwyn talu'r pwyth wedyn, medden nhw, dychwelodd y ffidlwr i'w dref enedigol, a chwarae ar stepen drws y banc i hel arian. Anodd gwybod a oes sail i'r honiad.

Byd ar gyrion cymdeithas oedd byd y cerddorion. Pan oedd cerddoriaeth yn alwedigaeth na chafodd dim ond ychydig o bobol y cyfle i'w chanlyn, dosbarth breintiedig mawr eu parch oedd y cerddorion. Byddai croeso neilltuol iddynt yn y plwyf. Mewn rhai ardaloedd, arferid cadw ffidil ym mhob tŷ bron, fel y cedwid telyn yn y dafarn yng Nghymru. Deuai'r ffidlwr heibio i ddifyrru'r tylwyth, gan hawlio gwely a chynhaliaeth am ei waith. Gan fod rhai o'r cerddorion yn feirdd â dawn dweud, ofnid eu pechu a thynnu gwarth ar y pentref. Parhaodd y parchedig ofn hwnnw nes i oes y cerddor proffesiynol traddodiadol wawrio yn ystod yr wythdegau.

Bryd hynny, dechreuodd y cerddorion chwarae fwyfwy i'r twristiaid. Roedd gwaith ar gael iddynt nid yn unig dros y penwythnos, ond bob nos yn ystod y tymor gwyliau. Codi a wnâi safon y chwarae o hyd, a rhai yn cael cyfle i drafaelu'r byd ac i ennill arian da. Ar ben y chwarae di-baid, dechreuwyd trefnu gweithdai. Rhwng y naill beth a'r llall, fe ddaeth y traddodiad yn ddiwydiant pwysig. Y newid sylfaenol fu iddo newid o fod yn beth gwledig a chymunedol, i fod yn beth dinesig. Erbyn hyn, yn Belfast, Manceinion a Dulyn mae calon y diwydiant. Daeth tro ar fyd.

Un elfen o'r traddodiad gwledig oedd y ffraethineb law yn llaw â'r cerddora. Roedd gan rai o'r cerddorion traddodiadol dafod finiog dros ben. Unwaith, a ninnau'n dod mas o'r dafarn ym Mayo yn yr oriau mân, roedd hi wedi gwawrio'n barod. Edrychodd un o'r bois lleol arna i. 'Mae'r dydd yn ymestyn,' meddai. Yn nhafarn Taylor's yn Galway, roedd pibydd yn arfer chwarae ar brynhawn dydd Sadwrn. Roedd y bib yn un swnllyd iawn, a chafodd y tafarnwr, Séamus, lond bol. 'Byddwn yn diolch iti am beidio â dod ddydd Sadwrn nesaf,' meddai. Clywais un o'r cwsmeriaid yn tynnu ei goes yn fuan wedyn: 'Sut mae'r gwersi pib yn mynd te Séamus?' Llym iawn oedd beirniadaeth rhai hefyd. Roedd y tambwrdd, *bodhrán*, yn destun dirmyg yn y dyddiau hynny. 'Gyda chyllell boced' y dylid ei chwarae. Gan fod offerynnau yn ddrud, roedd yn arfer gan rai i gyfeilio â dwy lwy, gan eu taro yn erbyn ei gilydd yn gelfydd, neu yn anghelfydd, i gadw'r rhythm. Gwelais gerddor da unwaith yn codi, mynd at y bar, prynu dwy bowlen o gawl a'u gosod o flaen y pechadur heb ynganu gair.

Byd bach oedd byd y cerddorion adeg hynny. Ar lafar y byddai'r newyddion yn cael ei drosglwyddo pan oedd rhywbeth wedi ei drefnu. Haf 1975 oedd hi, a dyma si ar led bod Paddy Maloney yn dod i Spiddal. Paddy Maloney sy'n arwain The Chieftains, grŵp sydd yn trafaelu'r byd ers deugain mlynedd bellach. Yn Spiddal bryd hynny, roedd bachgen o Awstralia, Bruce Du Ve, yn gwneud ffliwtiau a phibau *uilleann*. Roedd Paddy Maloney wedi archebu set newydd oddi wrth Bruce. Yn ôl y sôn, tua hanner awr wedi deuddeg y Sul nesaf, fe fyddai yn nhafarn Hughes' yn Spiddal yn profi'r bib. Aeth fy nhad â fi i glywed y meistr. Roedd hi'n ddiwrnod cynnes, ac eistedd 'mas tu fas' oedd y cwmni. Bob hyn a hyn, deuai gwraig y tŷ â llond hambwrdd o beintiau duon i'r criw. Treuliodd Paddy ddwy awr yn chwarae ac yn datgymalu'r bib bob yn ail er mwyn tiwnio'r frwynen. Roedd rhai yn aflonyddu, eisiau mwy o fiwsig. 'Horse into it, Paddy,' meddai rhywun y tu ôl i fi. 'Can't you see I'm busy?' meddai hwnnw, gan fynd trwy ei bethau â llygad barcud.

Dro arall, a minnau yn naw oed, aeth fy nhad â fi i Doolin, pentref pysgotwyr yng ngorllewin Clare. Yno roedd y brodyr Russell yn byw. Doolin oedd y pentref olaf yn Clare lle'r oedd y Wyddeleg yn cael ei siarad, a hynny oherwydd bod Inisheer, un o ynysoedd Aran, dim ond naw milltir i ffwrdd dros y don. Tyfodd Doolin yn ganolfan i gerddorion traddodiadol Gwyddelig y byd yn ystod yr wythdegau; ond roedd yn bentref tawel, diarffordd pan es innau yno gyntaf yn wyth oed. Yno y cefais fy nhalu am chwarae am y tro cyntaf, a hynny dim ond am bum munud. Mi ddes oddi yno'n drymach fy mhoced. 'Da was,' meddai fy nhad.

## TRAFAELU I CHWARAE

High St a Quay St yw cnewyllyn hen ddinas Galway. Arwain i lawr at y cei yn Spanish Arch y mae'r strydoedd hyn. Mae hen byrth cerrig wedi eu naddu a ffenestri celfydd digon cyfandirol yr olwg yn tystio i'r ffaith y bu Galway yn gyrchfan i fasnachwyr Iberaidd yn yr unfed ganrif ar bymtheg. Un o'r tafarnau ar Quay St yw The Quays. Bûm yn gweithio yno yn 1981. Barmona oeddwn i, os caf fathu gair. Erbyn hyn, emporiwm tri llawr amlasgellog yw'r dafarn. Yn fy amser i, tafarn un stafell a chwtsh oedd hi, gyda chegin lan stâr a stafell wely wag.

Yr adeg honno, treuliai pysgotwyr y dref ran o'u hamser sbâr yn y Quays. Nid oedd yr un ohonynt yn ddirwestwr. Yn wir, roedd yfed yn fara menyn iddynt. Deuai Biddy Ward i yfed glasaid o Guinness potel ac eistedd wrth y tân ambell brynhawn. Hen wraig o dincar oedd hi. Roedd yn fam-gu i bawb. Mam-gu neu beidio, roedd tafarn y Quays yn gyrchfan i gwmni eithaf di-raen ac yn lle gwael i fachgen diniwed pymtheg oed ar ei brifiant. Eto i gyd, roedd gweithio yn beth da, ac mi ges gyfle i glywed peth cerddoriaeth yno.

Ymwelwyr oedd rhai o'r cerddorion. Ar ddechrau'r wythdegau, prin oedd y tramorwyr yn chwarae offeryn a oedd wedi mudo i Iwerddon, ond un prynhawn o haf, daeth Michel Bonamie trwy'r drws. Un o Baris oedd Michel, wedi mynd ar dramp i osgoi gwneud ei wasanaeth milwrol. Fe dynnodd ffliwt bren mas a chwarae 'O'Carolan's Draught', alaw gan delynor dall o'r ddeunawfed ganrif. Ffliwt Almaenig ddrud yr olwg a'i llond o allweddi arian oedd gan Michel y diwrnod hwnnw. Dyna'r tro cyntaf i mi gael fy nghyfareddu gan y toncbren chwe thwll. Bu'n rhaid i mi aros rai blynyddoedd wedyn cyn prynu ffliwt, ond y diwrnod hwnnw y cydiodd y dwymyn ynof.

Wrth i'r blynyddoedd fynd heibio, fe ddaeth gweld tramorwyr yn chwarae miwsig Gwyddelig yn beth lled gyffredin. Yn wir, hanner dwsin o flynyddoedd ar ôl i fi glywed Michel Bonamie am y tro cyntaf, roedd sesiynau heb yr un Gwyddel yn chwarae ynddynt wedi dod yn rhan o blethwaith diwylliannol y dref. Roedd elfen academaidd braidd yn perthyn i gerddoriaeth rhai ohonynt, yr un peth â phobol yn siarad iaith dramor yn dda iawn, ond heb y rhegi yn y mannau priodol. Eto i gyd, roedd sawl un cystal â'r Gwyddel bob tamaid.

Un o Madrid oedd y pibydd Lorenzo. Byddai'n canu ei bib o fore gwyn tan nos yn y tŷ, ac yn ymddangos liw nos yn y dafarn. Oherwydd awyrgylch afiach y tafarnau myglyd, fe ddechreuodd Lorenzo feicio. Gwnâi hynny gyda'r un angerdd ag y chwaraeai'r bib. Un flwyddyn, fe benderfynodd feicio yn ôl i Fadrid. Mi glywais wedyn iddo gael anffawd gyda'i fysedd. Oherwydd gorchwarae, fe flinodd y nerfau, ac fe aeth y bysedd yn ddiffrwyth. Ni wn mo'i hanes oddi ar hynny. Roedd pawb yn ffrindiau mawr yn y dafarn, ond erbyn i rywun ddiflannu o'r cwmni, tyfai'r glaswellt ar ei lwybrau.

Daeth un ferch alluog iawn i'r dref o Nantes, Llydaw, a fedrai ganu'r ffidil. Roedd hi'n teithio tipyn. Aethai i Shetland i chwarae gyda Tom Anderson, drwy ysgrifennu ato cyn cychwyn a chael ateb. Croesi i Iwerddon o Lydaw wedyn, a dechrau bodio. Tu allan i Limerick fe stopiodd lorri, a mynd â hi bob cam i Glasgow. Fe aeth i Sligo hefyd i weld Fred Finn, ffidlwr mawr ei barch, a hen wladwr caredig. Gwnaeth Fred Finn boncagau iddi – crempog Gwyddelig o'r enw *bocsty* wedi eu gwneud â thatw wedi eu grato a fflŵr. Mae un o rîls Fred Finn yn cael ei chwarae ledled y byd erbyn hyn, ond ychydig iawn o bobol fu'n cydswpera gydag ef yn ei gartref yn Coleman's Cross.

Fel hynny oedd y byd cerddoriaeth draddodiadol. Mynd

oedd raid gan ddilyn y gerddoriaeth, a mynd ymhell. Gwrando yn astud ar ôl cyrraedd, ac ysu wedyn am chwarae'r tonau lleol. Antur oedd hi. Gyrru ar heolydd cul cefn gwlad a chyrraedd rhyw dipyn tafarn mewn cwm diarffordd. Cael croeso mawr ar aelwyd gynnes, ymhyfrydu yn yr acenion lleol a chyffro'r noson, ac ymgolli ym mhwls y sesiwn wrth iddi hwyrhau.

Roedd gan y Llydawes gar, ac mi ddechreuais gyd-drafaelu gyda hi. Un nos Lun, aethom i bentref Goirtín yn ne Sligo, taith saith deg milltir bron. Mynd mewn i dafarn y Róisín Dubh, a dyma'r ffidlwr a'r ffliwtydd, dau ddyn lleol canol oed, yn gwenu ac yn cyfarch fy mhartneres. Roedden nhw yn ei hadnabod yn barod.

## TRADDODIAD IFANC

Nid yw cerddoriaeth draddodiadol Iwerddon yn hen iawn. A dweud y gwir, cymharol ddiweddar yw hi. Ystyr hynny yw ei bod yn ffrwyth y ddwy ganrif ddiwethaf. Cyn y flwyddyn 1800, ni cheid fawr ddim o'r hyn a elwir heddiw yn gerddoriaeth Wyddelig yn Iwerddon. Mae un peth yn drawiadol am yr alawon: yn yr iaith Saesneg y mae teitlau pob un. Yn wir, mae olion camddeall Gwyddeleg ar rai, er enghraifft 'Tatter Jack Welsh' yn 'An tAthair Jack Welsh' yn wreiddiol, sef enw offeiriad. 'The Connemara Stockings' yw 'Stócaigh Chonamara' i fod, sef llanciau Connemara. Yn ôl y dystiolaeth, perthyn i'r oes ar ôl y newid iaith mae enwau'r alawon traddodiadol.

Rhaid ychwanegu at hynny mai enwau o'r Alban sydd gan lawer iawn o'r tonau mwyaf poblogaidd: 'Lord MacDonald's', 'Lord Gordon's', 'Lord Ramsey', 'Miss McLeod', 'Tar Bolton', 'Lady Ann Montgomery', 'Craig's Pipes'. Daeth eraill o'r Alban hefyd: 'The Copper Plate', 'Bonny Kate', 'The High Reel', 'Scotch Mary', a 'St Anne's'. Rîls yw pob un o'r alawon uchod, ac o'r Alban y mae'r *reel* yn tarddu.

Mae'n ddiddorol edrych hefyd ar yr offerynnau a gysylltir â'r traddodiad. Cyn 1800, mae'n debyg mai'r ffidil yn unig oedd i'w chlywed, a hynny dim ond yn rhai o'r plastai, neu yn y brifddinas. Roedd y boblogaeth yn dlawd iawn, ac offerynnau cerdd, gan gynnwys y ffidil, yn bethau prin a drud. Mae'n rhaid trwsio offerynnau, eu cynnal a'u cadw, a newid y tannau. Yng nghefn gwlad Iwerddon, dim ond yr eiddo mwyaf elfennol a feddai pobol – stôl, rhai llestri pren, buddai gorddi, a phibell i fwynhau ambell fwgyn.

Mae'n wir wrth gwrs i'r delyn gael ei chanu yn Iwerddon gynt, ond perthyn i fyd yr uchelwyr oedd y delyn gain. Nid offeryn gwerin mohoni. Bu gwahanol bibau yn cael eu chwarae yn Iwerddon erioed, ond perthyn i ddiwedd y ddeunawfed ganrif y mae'r *uilleann pipe*. Mae'n debyg iawn mai gŵr o'r enw William Kennedy (1768–1834) o Ogledd Iwerddon wnaeth fireinio a gwella pibau llai soffistigedig yr oes o'r blaen, a hynny yn negawd olaf y ganrif, a dyna yw'r *píb uilleann*. Ond rhan o esblygiad yr offeryn oedd cyfraniad pwysig Kennedy, a gwyddom bellach mai yn Llundain yn y neuaddau cerdd ar ddiwedd y ddeunawfed ganrif yr enillodd y bib ei phlwyf gyntaf.

Mwy diweddar eto yw'r offerynnau traddodiadol eraill yn Iwerddon. Roedd chwarae chwiban bren yn arfer ers dyfodiad byddinoedd Lloegr a Ffrainc, ond ffliwtiau o'r bedwaredd ganrif ar bymtheg yw'r model a fabwysiadwyd yn Iwerddon. Ffliwtiau pren oedden nhw a chwaraeid yng ngherddorfeydd Prydain a'r cyfandir tan chwarter olaf y bedwaredd ganrif ar ddeg. Tua'r adeg yna, crëwyd ffliwtiau metel oedd yn haws eu tiwnio, ac yn llai tebyg o newid eu cywair wrth eu chwarae. Dyna'r ffliwtiau clasurol a welir yng ngherddorfeydd y byd heddiw. Yn sgil llwyddiant y ffliwtiau metel newydd, rhoddwyd heibio'r hen ffliwtiau pren. Fe'u disodlwyd a'u gwerthu yn rhad i'r sawl a welai'n dda eu prynu a chael eu mabwysiadu gan y werin ddyfeisgar. Perthyn i'r ugeinfed ganrif mae'r acordion a'r banjo, a pherthyn i chwarter olaf yr ugeinfed ganrif y mae'r gitâr, y *bouzouki* a'r *mandola*. Gwelwn felly mai llif yw traddodiad cerddorol Iwerddon y mae ffrydiau o sawl cyfeiriad ac o sawl cyfnod wedi ei borthi. Nid etifeddiaeth sefydlog mo'r traddodiad.

Yr hyn sy'n hynod yn Iwerddon yw mor barod y bu'r cerddorion i fabwysiadu offerynnau newydd, eu gwneud yn rhan annatod o'u hidiom gerddorol, a dysgu eu chwarae'n gaboledig ac yn dechnegol wych. Pam y bu cynydd yn y gerddoriaeth offerynnol yn Iwerddon ers canrif a mwy? Onid yw adfywiad traddodiad gwerinol yn annodweddiadol o'r byd gwladwriaethol, ôl-ddiwydiannol, cyfoes?

Cyfuniad o nifer o ffactorau a gyfrannodd at dwf cerddoriaeth draddodiadol yn Iwerddon yn yr ugeinfed ganrif. Roedd y dawnsio'n bwysig. Câi'r cerddorion gyfle i chwarae yn lleol ac yn gyson. Roedd y gynulleidfa yn graff ac yn feirniadol. Mae hynny'n allweddol: ni all traddodiad flodeuo heb wrandawyr deallus.

Bu'r recordiadau cynnar yn bwysig hefyd. Yn America y gwnaed y rheini rhwng 1920 ac 1940. Wedi i'r Gwyddelod ymfudo i Efrog Newydd, Chicago a Boston, fe gawsont gyfle i gwrdd â cherddorion da, rhai y byddai wedi bod yn amhosib iddynt eu clywed yn Iwerddon. Mewn ffordd felly, cawl o'r un crochan â jazz New Orleans neu waith Americanaidd Dvořak neu Klezmer yr Iddewon oedd miwsig Gwyddelod America rhwng y ddau ryfel byd. Cymdeithas newydd sbon yn llawn egni oedd America, a hynny yn esgor ar greadigaethau lu. Cafodd nifer o'r meistri Gwyddelig eu recordio – Patsy Touhey, James Morrison, Michael Coleman ac eraill. Roedd eu gwaith yn ddisglair ac yn uchelgeisiol, a hyd heddiw mawr yw eu dylanwad ar chwarae pawb.

Yn 1951, cafodd *Comhaltas Ceoltóirí Éireann* eu ffurfio yn nhref Mullingar, Westmeath. Nod y gymdeithas oedd hyrwyddo'r gerddoriaeth draddodiadol. Er 1951, trefnir *Fleadh Ceoil na hÉireann* ganddynt, sef gŵyl gerddoriaeth Iwerddon. Sefydlwyd canghennau o'r gymdeithas ledled y wlad ar lefel blwyfol. Y canghennau lleol oedd yn gyfrifol am drefnu *Fleadh* i bob sir.

Âi goreuon pob oedran ymlaen at *fleadh* ranbarthol, a'r goreuon rhanbarthol yn cael cystadlu yn y *fleadh* genedlaethol, a hynny yn achos pob offeryn, gyda deuawdau a thriawdau hefyd. Bob blwyddyn ers 1951 felly, daw goreuon y wlad ynghyd, ond nid i gystadlu yn unig. Llwyddiant mawr y *fleadh* oedd y chwarae anffurfiol ar y strydoedd ac yn y tafarnau. Erbyn y saithdegau, roedd wythnos y *fleadh* yn beth chwedlonol. Roedd yn bair berw o fiwsig byw yn y cyfnod cyn grym y cyfryngau. Pererindod oedd hi. Âi pawb gartref a'u heneidiau wedi eu golchi mewn môr o sain, ac ambell beint wrth gwrs.

Dyma rai o'r ffactorau pwysig a gyfrannodd at dwf cerddoriaeth draddodiadol yn Iwerddon, ond rhaid cofio y bu cerddorion penigamp yng nghefn gwlad gan mlynedd cyn ffurfio *Comhaltas*. Pwy a'u dysgodd hwythau? Credaf i bibddawnsiau, rîls, *jigs* a *polcas* y bedwaredd ganrif ar bymtheg gydio yn Iwerddon oherwydd i'r hadau gael eu hau mewn tir ffrwythlon oedd wedi ei fraenaru eisoes. Beth yw ystyr hynny? Yn syml iawn, buasai'r Gwyddelod yn genedl gerddorol cyn 1800, ond cerddoriaeth hŷn a arferid ganddynt hyd nes i'r iaith Wyddeleg ddechrau mynd yn angof. Dyna oedd y gerddoriaeth frodorol – hen ganeuon Gwyddeleg y werin, a cheinciau'r telynorion. Creu gwagle wnaeth tranc yr iaith, a llanw hwnnw wnaeth ffasiwn yr oes newydd wedi 1800.

## YR HEN GANU (*SEAN-NÓS*)

Yr *Oireachtas* yw Eisteddfod y Gwyddel. Yn Carraroe y cafodd yr ŵyl ei chynnal yn 1984. Yr uchafbwynt oedd y canu *sean-nós*. Ers rhai blynyddoedd, yn sgil twf oriau darlledu *Raidió na Gaeltachta*, roedd yr hen ganu wedi adennill ei blwyf. Y noson honno roedd y neuadd dan ei sang a'r gynulleidfa ar bigau'r drain yn aros i'r cyngerdd ddechrau. Daeth Treasa Ní Mhaoileoin ar y llwyfan, a chanu '*Cúirt Bhaile Nua*'. Aeth ias trwof wrth i'w llais godi yn ddirodres ac wrth i'r geiriau atseinio ar draws y canrifoedd. Nid canu arwynebol, mursennaidd mo hyn, ond canu oedd â llwch, baw a dom ar ei sgidiau, ac eto canu oedd ag oglau hen bethau darfodedig a chain arno. Dyma flas ar 'Cúirt Bhaile Nua':

> Mi godais un bore heulog braf,
> ac ymlwybro tua Chwrt y Dref Newydd.
> Pwy a welwn yn myned heibio ond fy Neli,
> roedd hi'n deg ei phryd a'i gwedd.

> Gwynnach ei grudd na'r alarch,
> gwynnach na mân eira ysgafn undydd:
> fy annwyl ferch oni theimli drosof,
> canys unig wyf a gwael o'th serch?

> Nid rhyfedd gweld yr haul yn codi,
> nid rhyfedd i fy nghalon dorri,
> nid rhyfedd i'm llygaid gochi,
> wylo'n hidl y maent ers mis.

Anodd yw cyfieithu'r gwreiddiol heb fradychu'r ieithwedd, ac anodd esbonio gwefr yr achlysur heb ei orbwysleisio.

Dro arall, mi es i dŷ Micheál Ó Ceannabháin yn Carna. Maidhc Mháire a'Ghabha oedd ei enw yn lleol. Máire oedd ei fam, a hithau yn ferch i'r gof. Roeddent yn deulu cerddorol. Roeddwn i wedi clywed Maidhc yn canu cân eithaf trallodus y flwyddyn cynt, a mynnwn gael y geiriau a'r alaw. Bryd hynny, prin iawn oedd recordiau o'r hen ganeuon, ac oherwydd ei thestun roedd hon yn gân lled waharddedig. Mi gnociais ar y drws a chael eistedd yn y gegin. Yn y man, dywedais beth oedd fy neges. Roedd y plant yn llygadu'r dyn dierth, a gŵr y tŷ yn pwyso a mesur y sefyllfa cyn penderfynu a fyddai'n bodloni'r ymwelydd. Ymhen hir a hwyr, dyma fe'n dweud, 'Well iti sgwennu hi lawr te'. A finnau'n cymryd pensil.

Cân am orfodi'r werin dlawd i adael eu cartrefi yw 'Johnny Seoige'. Tirfeddiannwr oedd hwnnw. Adeg y newyn mawr tua

chanol y bedwaredd ganrif ar bymtheg, roedd wrthi yn gwneud
ei anfadwaith yn Connemara. Yn y gân, aeth un tenant druan ger
ei fron i grefu arno i beidio â'u gyrru o'u haelwyd. Rhoddir darn
o bapur i'r dyn anllythrennog a'i argyhoeddi y bydd popeth yn
iawn, ond gwae fe erbyn iddo gyrraedd y tŷ. Dywedodd Maidhc:

Johnny Seoige, clywch fy llais,
dof atat mewn gobaith i wneud fy nghais,
chwi sydd seren loyw syw,
ni welais eich tebyg yn fy myw.

'Gwna baned inni, wnei di?' meddai Maidhc wrth un o'r plant
hŷn, a mynd yn ei flaen:

Bore trannoeth, cefais ddarn o bapur,
euthum tua thref yn fodlon fy myd,
ond dyma a'm harhosai y diwrnod hwnnw,
fy ngwraig a'm plant wedi eu hel o'r tŷ.

Oedodd Maidhc i mi gael ysgrifennu'r geiriau:

Mae fy nhraed bach tost yn gleisiau byw,
mawr fy mhoen wedi'r cerdded maith,
Och! Mr Joyce mae'r wyrcws yn llawn,
ni chefais le ar ben y daith.

Pwy oedd yr hen wladwr tlawd yn y gân? A oedd Maidhc yn
perthyn iddo? Beth fu ei hanes wedyn tybed, marw ym môn
clawdd a'i galon wedi torri?

Nid serch a thrallod yn unig sy'n cael eu trafod yn y caneuon
sean-nós. Mae elfen ddireidus ynddynt hefyd, a rhai yn ganeuon
gwawd a dychan. Mae 'Myfi sydd fachgen ifanc ffôl yn byw
yn ôl fy ffansi' yn thema gref yn yr hen ganeuon Gwyddelig
hefyd. Doedd neb yn cynrychioli'r hen ffolineb hwnnw yn
well na gŵr o'r enw Seán Ó Conaire, un o Ros Muc. 'Double
O' oedd ei lysenw – 007! Roedd e'n falch iawn o'r gymhariaeth

â James Bond. Ganed Double O tua 1910. Crwydryn oedd ef, yn byw o lech i lwyn. Deuai i'r Crane Bar o bryd i'w gilydd yn yr wythdegau. Er ei fod wedi cyrraedd oed yr addewid, doedd dim un blewyn gwyn ar ei ben. Gŵr di-hid yn herio popeth gan gynnwys treigl amser oedd e. Canu fel baril yn rowlio i lawr yr allt oedd Seán. Canai yn goch, a chanai yn heintus. Canai yn dân i gyd, canai yn aml. Roedd ei iaith yn llawn dywediadau gwreiddiol. Un noswaith, roedd ffidlwr da yn y Crane. 'Ffidlwr da,' meddwn i wrth Double O. *'Bhainfeadh sé an chluais den ghiorria,'* medde fe – fe dociai glust sgwarnog. Cyfeiriad at waith chwim deheulaw'r cerddor.

Roedd Seán yn hoff o'r hen gychod hwylio. Cyn oes y cerbyd, roedd Ros Muc yn ganolfan fasnach i dde Connemara, a chludai'r cychod pren nwyddau i'r siopau mawr ar y penrhyn. Ac yntau yn iau, hwyliai Seán gyda'r hen forwyr a'u difyrru gyda'i dafod ffraeth a'i ganeuon, a rhannu eu *poitín*. Dyma bwt o gân oedd ganddo er cof amdanynt:

> Yn yr hen amser gynt arferem wylio'r cychod,
> a gweithio yn y meysydd ac eistedd ar ben y foel.
> Roedd cychod lu yn y bae, nid gau mo hyn ond gwir,
> ond heddiw fe ddarfu arnynt, nid erys ond y cei.

Mae mwy na thinc o hiraeth ym mhennill olaf y gân, a honno yn ei thro yn dwyn i'r cof yr adeg pan ymfudai'r Gwyddelod dros y lli i ennill eu tamaid:

> Gyrraf fendith yn ôl i Iwerddon at y bechgyn a'u llestri pren,
> yr wyf innau yma yn Llundain;
> mae fy amser yn dod i ben, bûm gynt yn fachgen
> rhydd fy nhraed yng nghwmni'r morwyr ffraeth a hael.

Bu Seán yntau yn Llundain. Gwyddai am ing alltudiaeth, ond alltud oedd e yn yr Iwerddon newydd wedi iddo gefnu ar brifddinas y Sais. Roedd ei ffordd o fyw yn perthyn i'r oes a fu, ac ychydig iawn o'i fath oedd ar ôl. Nid oedd yn deall pwrpas arian. Byw oedd ei amcan. Un noswaith ac yntau heb geiniog yn y byd, fe dorrodd ffenest siop dlysau yn y dre, a mynd â llond poced o watshys drud i dwmpath dawns yn Spiddal. Dyna ble cafodd ei ddal gan yr heddlu, wrthi yn gwerthu'r ysbail. Cafodd fynd ar ei ben i'r jâl, a chysgu'n braf yno mae'n debyg. Roedd ei fyd yn debyg i fyd y clerwyr a'r beirdd yng Nghymru yn yr unfed ganrif ar bymtheg: canu, cerddora, cyfeiliorni. Roedd oes dyneiddiaeth wedi gwawrio a nawdd yr uchelwyr wedi darfod. Hen fyd y Gymraeg a byd y Saesneg yn ymdoddi y naill i'r llall. Byddai Lewis Glyn Cothi a Double O wedi bod yn ffrindiau mynwesol. Unwaith, a finnau'n prynu hanner pwys o sosejys i de, dyma Seán yn camu i mewn i siop y bwtshwr a chyhoeddi'n falch iawn i'r byd a'r betws yn ei Saesneg bratiog: 'In my younger days I created the stars – I had many dogs... and children.' Ni welais mohono byth wedyn.

Mi es i ymweld â Treasa Ní Mhaoileoin, y ferch a ganodd yn Carraroe. Byw ar ynys Aran y mae hi, ym mhentref Kilmurvey, ac es yno ar gefn beic o Cill Rónáin. Tua chwe milltir o daith yw hi ar hyd yr esgair i'r cwm rhwng Dún Aonghus a'r traeth gwastad tywod aur. Roedd hi'n noson olau leuad. Digwydd bod, roedd Treasa gartref. Buom yn sgwrsio am sbel, a chanu wedyn am awr fach. Mi ganais innau 'Neainsín Bhán', cân serch ysgafn ddigon derbyniol nad oes eisiau gallu mawr i'w chanu, ac fe ganodd Treasa 'Cúirt Bhaile Nua' eto yn ôl fy nymuniad. Y tro hwn, roedd yr awyrgylch yn wahanol – dim meicroffon na thorf eiddgar, ond aelwyd glyd, a llais pur. Fel hyn yr oedd hi i fod. Wrth i fi ailgychwyn, roedd y lleuad llawn wedi codi'n llachar, y tir a'r môr cyfagos yn sgleinio'n daer. 'Bydd y lleuad yn gwenu arnat ti ar hyd y ffordd,' meddai'r gantores, a ffwrdd â fi. Aeth pum mlynedd ar hugain heibio, ond weithiau, pan fydd y lleuad yn llawn, clywaf eto eiriau 'Cúirt Bhaile Nua' yn atseinio yn neuadd y cof.

PONT ABERTEIFI

Onid Abertawe yw'r dref fwyaf cerddorol yng Nghymru, ac yn ne-orllewin Prydain? Nid rhyfedd hynny pan feddyliwn mai Abertawe oedd prif borthladd Cymru pan oedd poblogaeth Merthyr Tudful yn fwy na phoblogaeth Caerdydd, a llongau'n hwylio yno o bedwar ban byd. Yn y chwedegau bu *hit* gyda'r band Gwyddelig The Dubliners, cân o'r enw 'The Holy Ground'. Y cytgan yw:

> *You're the girl that I adore,*
> *and still I live in hope*
> *to see the Holy Ground once more –*
> *fine girl you are!*

Beth yw tarddiad y gân 'Wyddelig' hon? Dinas Abertawe a'r gân 'Old Swansea Town Once More'. Dyma'r cytgan gwreiddiol:

> *You're the one I do adore,*
> *an' all I'm livin' in hopes to see,*
> *is ol' Swansea Town once more,*
> *old gal, old gal!*

Nid Abertawe oedd yr unig borthladd o bwys yn ne-orllewin Cymru. Hyd at y Rhyfel Byd Cyntaf, roedd porthladd Aberteifi yn gyrchfan i fewnforwyr ac allforwyr. Os ewch i fynwent Eglwys Fair yn Aberteifi, a chraffu ar yr hen gerrig beddi, fe ddaw hanes y dref yn fyw. Wrth ymyl enwau'r ymadawedig, wedi ei naddu yn y garreg o dan y cen melyn, gwelir disgrifiad byr o'u bywoliaeth. Capten llong a harbwrfeistr oedd sawl un. Tref fasnachol brysur a llewyrchus oedd Aberteifi gynt. Ond 'nid oes mwy ar drothwy ei draeth sŵn diwyd farsiandïaeth, na llong i dir yn dirwyn o'i rhawd draw heibio i'r trwyn,' meddai Alun Cilie yn ei gerdd 'Y Bae'.

Mae sefyll ar bont Aberteifi a meddwl am y cyfnod prysur hwnnw yn tanio'r dychymyg, ond mae hanes yr aber yn hŷn o lawer na'r oes fasnachol. Cofiwn yr hen gerdd werin 'Crys y Mab', er enghraifft:

Fal yr oeddwn yn golchi dan ben pont Aberteifi,
a golchffon aur yn fy llaw, a chrys fy nghariad danaw,
fo ddoeth ata' ŵr ar farch, ysgwydd lydan buan balch,
ac a ofynnodd im a werthwn grys y mab mwya' a garwn.

Tebyg iawn i naws rhai o'r caneuon *sean-nós* yw 'Crys y Mab'. Ond gyda thwf y porthladd, nid merch deg yn golchi crys ei chariad a gŵr bonheddig ar farch a gawn, ond prysurdeb mawr y cei, acenion y morwyr a'r masnachwyr yn diasbedain, a phibddawns a chwrw melyn bach gyda'r hwyr. Un haenen o ddiwylliant yn cael ei disodli gan haenen fwy diweddar: dyna fu hanes treigl diwylliant yn Galway hefyd ddwy ganrif yn ddiweddarach. Caneuon fel '*Cúirt Bhaile Nua*' a 'Johnny Seoighe' yn gadael y llwyfan i'r *reel* Albanaidd 'Lady Ann Montgomery' a'i debyg.

I fi, pont Aberteifi yw'r man lle mae Iwerddon a Chymru yn cwrdd â'i gilydd. Daw dyfroedd croyw'r Teifi heibio i hen ffermdy Maes Glas, ble'r oedd y teulu'n byw yn 1947, blwyddyn yr eira mawr; a thrwy Gors Caron i lawr i'r glannau nes tawel lifo heibio i'r lle y deuwn iddo bob haf yn grwt. Oddi yno â'r llif tua'r cefnfor a thu hwnt. Saif tŷ Mam-gu a Tad-cu yn Feidr Fair ar bwys Finch Square, a'r nythfa o hen dai bychan hynod ger y geulan. Ai dyma lle y trigai'r ferch â 'golchffon aur' yn ei llaw, a ballodd werthu crys y mab mwya a garai i'r gŵr bonheddig buan balch 'er canpunt nac er canpwn, er llonned y ddwy fron o fyllt a defed gwynion'?

### DYCHWELYD

Pan ddes i yn ôl i Gymru yn y flwyddyn 2000, bûm yn ddigon ffodus i daro ar y traddodiad cerddorol Cymreig. Fe wyddwn am gerdd dant, yr emynau mawr, ac am ganu gwerin y saithdegau.

Gwyddwn hefyd am y telynorion teires, ond wyddwn i ddim am y *galliards* sydd ar gadw yn y llawysgrifau, na thribannau Morgannwg, nac am ganu'r cywydd deuair hirion. Yn nhafarn y Cŵps yn Aberystwyth y dechreuodd yr antur. Roeddwn i yn arfer mynd yno ar ddydd Sul cyntaf y mis i chwarae cerddoriaeth Wyddelig gyda chriw sy'n byw yng nghyffiniau Aberystwyth. Un prynhawn, daeth y ffidlwr Dan Morris i mewn. Cyn diwedd y noson, roedd Dan wedi chwarae miwsig nas clywais erioed o'r blaen, a minnau wedi holi ei berfedd am hanes y miwsig hwnnw. Penderfynom gwrdd eto. Yn nhafarn yr Angel yn Llansawel, Glyn Cothi, tua hanner ffordd rhwng Llanbedr Pont Steffan a Llandeilo y daethom ynghyd. Yn yr Angel mae simne enfawr a thân agored, meinciau pren bob ochr i'r tân a lle i eistedd o dan y pentan. Roedd Dan wedi rhoi gwybod i gerddor arall am y sesiwn, Ceri Matthews. Chwaraeodd Ceri bethau y noswaith honno oedd yn lled debyg i rai o *gavottes* Llydaw. Syndod mawr oedd hynny. Dysgais wedyn mai tribannau ydy'r tonau hynny, ond mae gwaith olrhain gwreiddiau'r miwsig. Ai morwyr Llydewig o Concarneau neu St Malo a ddaeth â'i debyg i lannau'r Tawe pan hwyliai'r Llydawyr i bedwar ban byd yn yr unfed ganrif ar bymtheg?

Yn ystod y misoedd nesaf, trefnais gwrdd â Dan a Ceri nifer o weithiau, a phob tro mi godais nifer o alawon ganddynt ar dâp. Fe ehangodd y cylch, ac mi ges gwrdd â Martin Leamon o Benrhyn Gŵyr a'i wraig Sille Ilves o Estonia. Mae Martin yn gyfansoddwr. Mae'n pori yn yr hen lyfrau alawon Cymreig a gyhoeddwyd tua dechrau'r ganrif ddiwetha, yn atgyfodi ambell gainc sydd at ei ddant, a'i chyfaddasu ar gyfer offerynnau'r oes fodern. Mi ddysgais 'Ffarwel i Lanedi' ganddo, 'Cainc Dafydd Broffwyd', 'The Old Rigero', *slip jig* bendigedig o'r enw 'Betsan o Lansantffraid', a dau *galliard* y mae Jason Lawday wedi eu hadfer, sef 'Edward's Grip' a 'Peggy's Choice'. Ymhlith yr alawon a ddysgais gan Dan Morris yr oedd 'Mêl Gusan', 'Pan Oeddwn y Gwanwyn', 'Castaway Care' (sef Bwrw Gofal Ymaith), a 'Dŵr

Glân'. Ehangodd y cylch eto ac mi ges gwrdd â'r brodyr Kilbride, John Morgan, a'r gitarydd Dylan Fowler yn y De, a dysgu 'Cainc Goronwy Owen', 'Cân Wil y Tloty', a 'Gyrru'r Byd o'm Blaen'. Dw i wedi cael toreth o alawon gwreiddiol gan Ceri Matthews. Mae rhai yn ddigon adnabyddus ymhlith cerddorion traddodiadol Cymru – 'Erddigan', 'Y Pibydd Coch', 'Cysait y Peipar Du', 'Y Crythor Du', 'Meillionen', 'Y Picau Dur', 'Mynydd yr Heliwr', 'Pant Corlan yr Ŵyn', 'Toriad y Wawr', a jigiau fel 'Y Derwydd', 'Tom Edwards', a 'Mopsy Don'. Mae rhagor ohonynt yn ffrwyth ei ymchwil ddi-baid ers ugain mlynedd: 'Lliw'r Heulwen' a chaneuon eraill a genid gan Evan Rowlands, bwtshwr o gyffiniau Tregaron, tua chanrif yn ôl; tribannau Ifor Ceri, Castell Nedd; tribannau Ifan Rowlands, Llandysul, 'Ffarwel Dai Llwyd', 'Holl Brydyddion y Byd', a'r *galliards* 'Breuddwyd Rhisyn Bach' a 'Blodau'r Gwinwydd'. Ar ben hynny, diolch i raddau helaeth i arbenigedd Daniel Huws, Llyfrgell Genedlaethol Cymru gynt, mae Ceri wedi dadansoddi llawysgrifau sy'n cynnwys alawon a nodwyd gan Iolo Morganwg. Braint a gwefr oedd codi'r rheini yn y gegin ym Mhencader a meddwl na chawsant eu chwarae ers dwy ganrif bron.

Rhyw flwyddyn wedi'r cyfarfod tyngedfennol gyda Dan Morris yn Aberystwyth, roeddwn wedi dysgu digon o fiwsig i gynnal noswaith draddodiadol offerynnol Gymreig. Roedd gwneud hynny yn y tafarnau diarffordd yng ngogledd Sir Gâr – Cwm Du, Llandeilo, Llansawel a Brechfa ac yng Nghwm Gwaun ger Trefdraeth yn Sir Benfro – fel dychwelyd i'r hen Iwerddon yr oeddwn wedi'i mwynhau yng nghanol yr wythdegau. Cyrchu'r man cwrdd ar hyd heolydd culion cefn gwlad, a chyrraedd y fan yn eiddgar iawn.

Yn gwbl annisgwyl felly, bu darganfod traddodiad cudd cerddoriaeth Cymru yn daith yn ôl i'r hen Iwerddon. Dros y don erbyn hyn, mae oes y tafarnau bychain wedi darfod, a diodfeydd maint cae rygbi wedi cymryd eu lle. Sgrin deledu ar draws yr adeilad, a phawb yn llygadrythu yn swrth ar bêl-droed.

Yn yr Eagle yn Llanfihangel-ar-Arth roedd y cwrdd mwyaf diddorol. Mae'n safle hanesyddol iawn hefyd. Ar ben y bryn ger y pentref, saif hen gaer o oes y Brythoniaid. O fewn tafliad carreg i ddyfroedd afon Teifi, saif eglwys bert, ddiymhongar a honno gyferbyn â'r dafarn. Yn raddol fach, daeth cwmni'r Eagle yn gyfarwydd ag ymweliadau'r cerddorion. Roedd croeso inni, dim ond inni beidio â dod ar noson chwarae dartiau. Tan yr wythdegau, roedd canu yn beth arferol yn y tafarnau Cymreig, ac roedd cof am yr arfer hwnnw yn ei gwneud hi'n beth naturiol inni ymarfer ein crefft yna.

Unwaith y flwyddyn hefyd, cynhelid Gŵyl Bibau Pencader yn y cyffiniau, ac yn yr eglwys yn Llanfihangel fyddai'r gyngerdd agoriadol cyn i'r cwmni symud i'r Eagle i dorri syched. A finnau newydd symud i'r ardal, bu cyd-ddigwyddiad a wnaeth Llanfihangel yn lle neilltuol i fi am reswm arall.

Cyfieithu nofel Gymraeg i'r Wyddeleg yr oeddwn i ar y pryd. Hanes merch ifanc, Sarah, a fu farw o eisiau bwyd. Gwyddai pawb amdani yn chwarter olaf y bedwaredd ganrif ar bymtheg oherwydd bu'r hanes yn y papurau newydd yn Lloegr. 'The fasting Welsh girl' oedd Sarah i'r byd. Yn y fynwent yn Llanfihangel y mae ei bedd, ac yn yr Eagle y cynhaliwyd y llys lle cafodd ei rhieni eu dedfrydu am eu rhan yn nhynged drist eu merch. Wyddwn i ddim byd am fanylion yr hanes cyn eistedd ar y fainc o flaen y tân yn y fan a'r lle.

Wrth chwarae yn nhafarn yr Eagle felly, roedd yr holl elfennau amrywiol sydd yn perthyn i hanes y llecyn hwn ar lannau afon fy mabinogi, afon Teifi, yn codi llesmair o ryw fath arnaf. Teimlwn yn ingol fod amser yn fwy o lawer nag oes dyn, ond teimlo yn ddiogel tu fewn i blisgyn amser a hanes rywsut. Efallai mai teimlad cartrefoldeb oedd hynny, a theimlad diniwed braidd. Fy mraint oedd cael fy synnu gan bethau arferol yr oedd pawb arall wedi hen anghofio amdanynt.

Yn yr Eagle, ar nosweithiau o aeaf, pan oedd y sêr yn llosgi'n danbaid ac oglau mwg coed tân yn goglais y synhwyrau, yr hen gaer yn gwylio'r cwm, y saint a'r werin falch yn huno yn eu beddau o dan yr ywen a blas y cwrw chwerw yn pigo'n braf, a sain y ffidil a'r ffliwt yn atseinio yn y tywyllwch ac yn ymgolli yn y pellter, fe'm llenwid â rhyfedd foddhad.

# Newidiadau Lu

Unwaith pan oeddwn yn byw ar ynys Aran, roeddwn ar fy ffordd adref o Ddulyn. Ar y cei roedd llond bŷs o blant ysgol o Ffrainc yn aros i gael mynd ar y cwch, yr olaf am y dydd. Roeddwn i'n ysu am gael bod gartre ar ôl treulio tair noson mewn stafell ddigymeriad yn y brifddinas. Byddai'r cwch yn hwylio toc, ac roedd disgwyl i bobol leol gael blaenoriaeth ar yr ymwelwyr petai lle yn brin.

Mi es i ben y ciw felly. 'Gadewch i'r plant yma fynd mewn gynta,' meddai Seán O'Kelly oedd yn gapten ar y llong. Edrychais i fyw ei lygaid. Bu distawrwydd. Roedd y ddau ohonom yn gwybod yn iawn bod tipyn yn y fantol. Mae'n ddeddf peidio â herio capten llong ar ei bont ei hun, ond ni symudais. 'Gadewch i'r plant yma fynd mewn gynta. Esboniais yn weddol gwrtais yn yr iaith Wyddeleg fy mod yn byw ar yr ynys a mod i eisiau mynd adref. Doedd Seán ddim yn siarad Gwyddeleg. Cynhyrfu a wnaeth ryw ychydig, a dweud eto, 'Gadewch i'r plant yma fynd mewn'.

Mi rois gynnig arni yn yr iaith fain. Roedd pethau yn cynhesu braidd. Gweld ei awdurdod, diogelwch y teithwyr a'i hunan-barch yn cael eu tanseilio roedd y Capten Seán. Eisiau mynd adre roeddwn i, a hithau ar fin nosi. Beth wnes i oedd troi at yr haid o blant oedd y tu ôl i fi, dweud wrthyn nhw yn Ffrangeg bod popeth yn iawn, troi at Seán, a chan fynegi fy hun yn iaith y twristiaid, ei gwneud yn ddigon amlwg na fyddwn yn symud. Aeth hi'n benbleth ar y capten. Onid y ffaith bod y lleill yn siarad Ffrangeg oedd yn sail i roi blaenoriaeth iddynt? Ac onid Ffrangeg yr oedd hwn yn siarad â nhw nawr, ac yntau yn byw ar yr ynys ar ben hynny. Yn ei benbleth, er yn anfodlon, gadawodd Seán i fi fynd i mewn. Ymhen awr a hanner, roeddwn i'n eistedd o flaen tanllwyth o dân Cill Éinne.

CYFALAFWR YNYS ARAN

Wedi i mi briodi a chael dwy ferch fach, penderfynom fel teulu symud i fyw ar Ynys Aran.

Pan gyrhaeddom yr ynys, mi ges wybod bod tŷ i'w rentu gan ddyn lleol oedd yn berchen ar dipyn o eiddo, oedd wedi gwneud ei gyfoeth o'r diwydiant pysgota. Cyflogai nifer o'r dynion lleol ar ei gychod. Roedd y tŷ braidd yn fach, ond y peth pwysicaf oedd y ffaith fod iddo ddrysau a ffenestri newydd. Pan ddechreuai'r gwyntoedd udo yn y gaeaf, byddai hynny'n fendith.

Wrth drafod y rhent, mi fodlonais ar dalu hyn a hyn, dim ond i fi gael addewid a chytundeb o ddwy flynedd. Doeddwn i ddim yn disgwyl dim byd ar bapur. Cymdeithas 'answyddogol' oedd hon. 'Dwy flynedd?' meddwn i. Cytunodd yntau. Doedd ei agwedd ddim yn gadarnhaol iawn, ond tybiwn fod addewid llafar gan Wyddel yn ddigon saff.

Cawsom amser bendigedig yn y tŷ. Bu'r hydref yn braf, y mwyar duon yn doreithiog y flwyddyn honno, a thraeth Cill Éinne ganllath o'r trothwy. Pan ostegodd stormydd y gaeaf, a'r dydd yn dechrau ymestyn, aem i lan y môr yn ystod y prynhawn rhwng tri a chwech a cherdded ar hyd y twyni.

Un diwrnod ym mis Ebrill, daeth nodyn trwy'r drws. Ychydig o frawddegau wedi'u hysgrifennu gan wraig y cyfalafwr yn rhoi 'notis' inni. Rhaid fyddai symud allan erbyn dechrau'r gwyliau ysgol. Roedd angen y tŷ ar bobol eraill.

Dyma air y Gwyddel yn troi'n dwyll felly. Doedd hyn ddim yn newyddion da. Roedd hi'n anodd iawn cael hyd i le ar yr ynys, ac eithrio byngalos gwael ac amhosib eu cynhesu. Holais hwn a'r llall am y nodyn. Y gred oedd bod y cyfaill oedd yn berchen ar y tŷ ar fin codi gwesty yn Cill Rónáin. Ac mai lletty i rai o'r gweithwyr oedd ein cartref ni i fod.

Hyfryd iawn. Dyma hel teulu Gwyddeleg o'u haelwyd er

mwyn gwneud lle i dwristiaid. Stopiais dalu'r rhent yn y fan a'r lle. Doedd dim cytundeb gen i ar bapur, ond roeddwn i'n gwybod na fyddai dyn pwerus, cyfoethog yn gwybod beth i'w wneud petai'n cael ei herio. Ar ôl deufis, daeth ei wraig at y drws. 'Dydych chi ddim wedi talu'r rhent.' 'Rhowch hynny mewn llythyr i fi, wnewch chi?' meddwn i. Trodd hi ar ei sawdl.

Yn y cyfamser, aeth y si ar led ein bod yn chwilio am lety, a bod gwesty newydd ar fin cael ei godi. Erbyn canol Mehefin, tua phythefnos cyn y gwyliau ysgol, nid oeddem wedi cael hyd i le digon da. Roedd y dewis yn amlwg. Plygu, a threulio'r gaeaf nesaf dan annwyd, neu fynd. Mynd fu raid, ond nid yn dawel.

Unwaith yr wythnos, ar nos Fercher, roedd sesiwn gerddoriaeth yn cael ei chynnal yn un o'r tafarnau yn Cill Rónáin. Roedd llond y lle yn arfer bod yna, a rhyw hanner dwsin o gerddorion. Fel arfer, byddai tipyn o dwrw a siarad a hwyl yn y dafarn, ond pe dechreuai rhywun ganu, byddai pawb yn tawelu ac yn gwrando'n barchus.

Tuag wythnos cyn ymadael â'r ynys mi ganais i'r gynulleidfa. Canais y gân 'Johnny Seoighe', yr un a ddysgais gan Micheál Ó Ceannabháin yn Carna am dirfeddiannwr tua chanol y bedwaredd ganrif ar bymtheg yn troi tenant mas:

> Bore trannoeth, cefais ddarn o bapur,
> euthum tua thref yn fodlon fy myd,
> ond dyma a'm harhosai y diwrnod hwnnw,
> fy ngwraig a'm plant wedi'u hel o'r tŷ.

Wrth ganu'r gân, mi newidiais ychydig ar y geiriau, ac enwi perchennog y tŷ lle roeddwn i yn byw. Aeth ias trwy'r cwmni a neb yn meiddio dweud gair. Hen draddodiad o oes y derwyddon yw melltithio gelyn. 'Gwawd' yw'r gair yn y traddodiad Cymraeg. Roeddwn i wedi pigo nerf yn isymwybod cymdeithas yr ynys. Aeth yr hanes ar led a chyrraedd rhannau helaeth o Connemara. Mi gwrddais â Seán, capten y llong, yn fuan wedyn. 'You sang the landlord,' meddai ef a'i lygaid yn llawn syndod, edmygedd a dychryn... 'You sang the landlord.'

Dim ond megis dechrau roeddwn i. Ar y pryd, roeddwn i yn adnabod un o is-olygyddion yr *Irish Times* yn eithaf da. Y fe oedd yn gyfrifol am y dudalen Wyddeleg, ac fe wnes gyfweliad hanner tudalen gydag e, gan ddweud y cyfan. Dweud sut yr oedd rhai o'r ynys yn mynd ar eu gwyliau i Affrica am chwech wythnos tra bod eraill heb ddŵr oherwydd bod y pibau'n gollwng, a bod y gymuned dan fawd ychydig o gyflogwyr lleol. Dweud sut yr oedd pawb yn ofni herio'r drefn. Bod miliwnydd yn Aran i bob miliynydd yn Howth, sef cartref rhai o'r bobol bwysicaf sy'n gweithio yn Nulyn.

Ddydd Mercher roedd y dudalen Wyddeleg yn cael ei chyhoeddi yn yr *Irish Times*. Mi wnes y cyfweliad y dydd Gwener cynt. Gwyddwn fod gen i ychydig ddyddiau i hel fy mhethau ac ymadael â'r ynys. Fel arall, porthi crancod fyddai fy nghorff ar waelod yr allt.

Fore Llun, mi drefnais i fynd â fy llyfrau, y silffoedd, a phopeth arall ar awyren fach Aer Árann oedd yn hedfan rhyw ddwywaith y dydd. Cychwyn wedyn ben bore ddydd Mawrth. Petasai'r tywydd wedi troi yn fy erbyn, byddai wedi bod yn annifyr tu hwnt. Ond mi ddihengais. Bore trannoeth, yn Galway, mi brynais y papur. A darllen y cyfan. Ni fûm yn Aran byth ers hynny. Ychydig iawn o Wyddeleg mae pobol yr ynysoedd a'r Gaeltacht – y fro Wyddeleg – yn ei darllen, ond mi glywais fod mynd mawr ar yr *Irish Times* y diwrnod hwnnw yn Cill Rónáin. Holltwyd y gymuned gan gynnwys yr erthygl. 'Gwir pob gair' oedd agwedd rhai. 'Bradwr' meddai eraill.

Tua chwe mis ar ôl y ffwdan fawr ar yr ynys, stopiais y car ym mhentref Barna ar y ffordd i Galway. Pwy ddaeth mas ond gwraig ein cyfaill cyfalafol o Cill Rónáin, perchnoges y tŷ. Does dim amheuaeth iddi fy adnabod. A chredaf i fi weld rhyw gilwen yn rhedeg dros ei gwefusau am eiliad wrth inni fynd heibio ein gilydd yn nrws y siop. Efallai mai finnau a hithau oedd yr unig ddau berson ar wyneb y ddaear oedd wedi herio'r gŵr ers blynyddoedd, a'r gilwen honno oedd fy ngwobr.

Ar ôl y cynnwrf a'r symud annisgwyl o'r ynys, fe ddywedodd Mam hanes wrthyf am un o'n cyndeidiau yn Sir Aberteifi, un o'r Morganiaid, tenant ar un o ddyddynnod canol y sir yn ail hanner y bedwaredd ganrif ar bymtheg. Adeg etholiad, mynnodd y landlord fod y tyddynwyr yn pleidleisio drosto fe. Nid oedd pleidlais gyfrinachol wedi dod yn rhan o'r drefn. 'Foto gyda'u traed' oedd y dynion, sef croesi stafell at yr ochr yr oeddynt yn ei chefnogi. Fe ballodd yr hen Forgan â sefyll wrth ochr y tirfeddiannwr, a chael ei ddigartrefu o'r tyddyn yn gosb. Fel y dywedodd Tudur Aled ers llawer dydd: 'Hysbys y dengys y dyn o ba radd y bo'i wreiddyn'.

## AIL BATAGONIA

Sut beth oedd siarad Cymraeg yn Iwerddon felly? Peth anghyffredin, a dweud y lleiaf. Mam a finnau oedd yr unig ddau berson oedd yn siarad Cymraeg yn y dref yn y cyfnod hwn. Roedd Beti Jones o Lanrhystud, merch R.E. Jones, awdur *Llyfr Idiomau Cymraeg*, yn byw yn Inverin rhyw bymtheg milltir i ffwrdd, ac fe gwrddai hi a Mam â'i gilydd bob hyn a hyn. Fel arall, dim ond unwaith y cwrddais â Chymro neu Gymraes oedd yn byw yn Galway. Digwydd bod, bu raid i fi fynd i'r ysbyty unwaith, a gwybod oddi wrth acen y nyrs wrth siarad yn Saesneg ei bod yn dod o Gymru, a chael gwybod mai Cymraes o Gricieth oedd hi yn gweithio dros dro yn Galway.

Eto i gyd, iaith gudd oedd ein Cymraeg ni. Iaith estron na wyddai mwyafrif y cymdogion mewn gwirionedd ein bod ni yn ei harfer. Iaith yr aelwyd. Iaith min nos. Iaith y bwrdd brecwast. Iaith heb na statws na diffyg statws na deddf o'i phlaid nac yn ei herbyn, nac arwydd ffordd, na ffurflen, na dim oll i dynnu sylw neb at y ffaith ei bod yn cael ei siarad o dan eu trwynau – neu beidio.

Weithiau, pan fyddai rhywun yn digwydd galw i fy nghodi i

fynd i rywle, a sefyll ar stepen y drws wrth i mi wisgo fy nghot, fe gâi glywed 'Wela i di wedyn' neu 'Cofia gau'r drws, wnei di'. Ond dyna i gyd.

Roedd dwy ochr i'r penderfyniad i siarad Cymraeg. Roedd yn benderfyniad hefyd i beidio â siarad mwy o Saesneg. O benderfynu peidio â gorarddel y Saesneg felly, roedd yn benderfyniad gyda ni i geisio siarad Cymraeg yn weddol raenus. Beth fyddai diben siarad Cymraeg gwael yn Iwerddon! Roedd rhaid parchu'r iaith, a pharchu'r dafodiaith. Doedd dim angen inni feddwl mai 'Cymry' oeddem ni yn hytrach na Saeson. Roedd byd y Sais yn amherthnasol yng ngorllewin Iwerddon. Parchu'r dafodiaith oeddem ni achos bod siarad Cymraeg yn benderfyniad i barchu cof y teulu.

Mae'n debyg bod rhai o'r ymadroddion a arferem ar yr aelwyd yn eithaf teuluol hefyd. Gair na chlywais mohono ond yn ein tŷ ni oedd 'mymwedd', sef 'y mymryn lleiaf'. Pan fyddai Mam yn torri brechdan yn denau iawn, 'brechdan ladi' fyddai hi. Yn ein tŷ ni roedd 'sgidie brown' yn 'sgidie coch'. 'Cwmpo'n glariwns' fyddai plât neu sosban ar lawr y gegin, a 'myn asen i' oedd yn mynegi syndod mawr. Yn ogystal â phrocio neu bryfocio, 'chwarae bêr' y byddem yn ei ddweud. A phan oedd rhywun yn gwella wedi salwch, 'wedi niawnyd' y bydde fe, ond deuai pwl o chwerthin i ganlyn yr ymadrodd yna fel arfer am ei fod mor hen ffasiwn. Chlywais i erioed y gair 'splachu' yn unlle heblaw ein tŷ ni. Dyna fyddai'n digwydd i ddillad ar ôl eu golchi tasen nhw ddim yn cael eu smwddio. O ran sychu dillad, y gair manwl gywir i ddisgrifio cadw dillad cras yn dwym er mwyn eu gwisgo trannoeth oedd eu cadw yn 'dempris'. Yn y gegin, 'cylleth gethin' oedd cyllell finiog a pheryglus yr olwg. 'Torri'r naws' y byddem gyda'r nos wrth gynnau ffagl fach o dân.

Roeddwn i'n meddwl fy mod yn medru Cymraeg yn weddol dda, felly pan ffoniodd Radio Cymru un flwyddyn eisiau rhywun i wneud adroddiad ar yr etholiad cyffredinol yn Iwerddon, mi gytunais. Byddai'n rhaid codi yn yr oriau mân, a mynd i nôl y papurau Sul o'r storws ar gyrion y dref. Darllen yr adroddiadau wedyn yn barod at ddeg o'r gloch. Dyma'r ffôn yn canu a minnau'n fyw am y tro cyntaf ar Radio Cymru. Digwydd bod, roedd yr etholiad yn un tyn iawn. Buasai'r swyddogion wrthi'n cyfri'r pleidleisiau trwy'r nos. Roedd y canlyniad yn y fantol, a rhai yn mynnu bod y pleidleisiau'n cael eu hailgyfrif. Ni wyddid pwy fyddai'n llywodraethu yn y wlad, a dyna oedd craidd fy adroddiad. Aeth pethau o chwith braidd pan ofynnodd y cyflwynydd am y rhagolygon barn. Nid oeddwn i erioed wedi clywed hynny. 'Y beth?' meddwn wrthyf fy hunan, a meddwl mai 'golygyddol' oedd yr ystyr. Ailadrodd yr hyn yr oeddwn newydd ei ddweud wedyn, a'r cyflwynydd yn gofyn am y rhagolygon barn eilwaith. 'Polau piniwn' oedd y gair yn yr wythdegau am hynny, a dyna oedd y term y byddwn i wedi ei ddisgwyl. Chafodd Radio Cymru ddim ateb i'w cwestiwn er gwaethaf ymdrechion taer y cyflwynydd.

Roedd tipyn o bethau yn perthyn i'r drefn oedd ohoni yn Iwerddon nad oedd enwau Cymraeg iddynt, neu dim enwau swyddogol o leiaf. *Hurling* yn un, sef gêm draddodiadol sy'n cael ei chwarae â ffon a phelen fach. *Sliotar* yw enw'r belen, gair Gwyddeleg. *Camán* yw enw'r ffon, sef 'ffon gam' oherwydd bod gwaelod y ffon yn lletach na'r goes er mwyn bwrw'r *sliotar*. Does dim 'Aelodau Seneddol' yn Iwerddon chwaith. 'T.D.' mae'r Gwyddel yn ei ddweud, sef talfyriad o'r geiriau Gwyddeleg 'Teachta Dála'. Weithiau mae pobol ddwyieithog yn benthyg gair neu ymadrodd o'r naill iaith i'r llall. Weithiau dyfynnu maen nhw. Dyfynnu ambell ymadrodd Gwyddeleg y byddem ni. '*Fear siúlach scéalach*' oedd un. Ystyr yr ymadrodd yw bod dyn sydd yn teithio – *siúl* – yn arfer bod â digon o newyddion, *scéal*, sef 'chwedl' yn Gymraeg. Roedd '*fliuch báite*' wedyn, sef 'gwlyb domen' chwedl Mam, yn ymadrodd defnyddiol yng ngwlad y glaw mawr.

Fel arall roedd hi gyda rhai ymadroddion. Yn y farchnad yn y dref, câi ffowls eu gwerthu, ac yn eu plith roedd 'cym-bacs'.

Wyddwn i ddim mai 'guinea-fowl' oedd cym-bac yn Saesneg nes ei weld ar fwydlen ddwyieithog yn Aberystwyth yn y flwyddyn 2005. Dysgu ar hyd ei oes mae dyn, meddan nhw, a marw'n dwp. Peth od oedd dod yn ôl i Gymru wedyn a chlywed pobol yn britho'r iaith â geiriau Saesneg. Hwn a hwn yn cael 'had taem', amser caled; neu glywed am y 'pethau rong yn cael eu delifro' ac wrth gwrs mab hon a hon wedi bod yn Llundain ers 'nain-tîn-êtî-tŵ'. Ond chwarae teg, os oedd M.P. yn T.D. gyda ni, roedd 'nain-tîn-êtî-tŵ' yn ddigon da hefyd. Weithiau dw i'n meddwl mai ail Batagonia oedd Galway inni. Bae Galway a mynyddoedd Connemara oedd yn nodweddu'r lle, nid Cwm Hyfryd a'r Paith. Saesneg nid Sbaeneg oedd iaith yr oes, a'r Wyddeleg hithau yn adlais o'r hen fyd, yn hytrach na ieithoedd y *Pampas*. Ond nid fel cymuned gyfan roeddem ni wedi ymsefydlu ymhen draw'r byd, dim ond un aelwyd – hanner aelwyd yn wir. Roeddem yn dal i ddisgwyl am ganiad ffôn o Aberteifi ar nos Fawrth, am y rhifyn nesaf o'r *Cymro*, am gopi fideo o'r gyfres ddrama ddiweddaraf ar S4C. Roeddem yn aros am wyliau'r haf pan gaem ddychwelyd i'n cynefin a chlywed oglau gwair cras yn y caeau, trafaelu ar hyd heolydd bach igam-ogam cefn gwlad sir Aberteifi a gweld y boda'n gwau cylchoedd diderfyn yn yr awyr. Yn fwy na dim, cael clywed llond parlwr o'r tylwyth a'r cymdogion yn Nihewyd, Llanfarian, Cilie Aeron ac Aberteifi, yn trin a thrafod digwyddiadau blwyddyn gron mewn iaith oedd yn llif soniarus, meddwol a diderfyn – iaith na fedrwn i mo'i hysgrifennu nes mynd i'r coleg yn ddeunaw oed ac ailafael yn frwd yn fy etifeddiaeth.

Y FFYNHONNELL

Bu newidiadau lu yn Iwerddon yn y chwarter canrif wedi'r saithdegau. Hyd y nawdegau, gwlad debyg o ran economi i'r hyn yw dwyrain Ewrop heddiw oedd Iwerddon. Cofiaf y trên yn torri lawr ar y ffordd i Ddulyn ers llawer dydd, a'r teithwyr yn aros yn hamddenol ar y cei cyn cael gwybod ymhen hir a hwyr y byddai'n rhaid aros hyn a hyn o amser eto. Roedd Ffrances ar y trên y diwrnod hwnnw. Mi glywais hi'n ebychu, 'Mae hi fel y trydydd byd yma'.

Erbyn heddiw, a'r wlad wedi cael ei gweddnewid gan yr economi a thwristiaeth, mae wal fawr ar y ffordd mas o borthladd North Wall yn Nulyn. Wal fawr wen. Cynfas ddelfrydol, a safle gwych o flaen y goleuadau traffig lle mae pawb ar y ffordd i mewn i'r wlad o Brydain yn gorfod stopio. Mae graffiti ar y wal wen. 'Greed is the knife, and the scars run deep.' Does neb wedi peintio dros y geiriau.

Mae pobol yn gofyn i fi yng Nghymru ac ar y cyfandir a ydw i'n gweld eisiau Iwerddon. 'Only when I'm there' yw'r ateb sydd gen i bellach. Mae dychwelyd yno yn ddychwelyd i wlad a dyfodd fel madarchen dros nos. Llechu yn yr isymwybod y mae'r cof am yr hyn a fu hyd at yr wythdegau.

Peth ofnadwy yw methu â mynd yn ôl at y ffynhonnell. Peth dychrynllyd yw mynd yn ôl a'r ffynhonnell wedi ei chau a'i brico lan, a'r dŵr croyw'n llifo mewn pibell rhywle ym mherfeddion y ddaear, a'r hyn sydd uwchben y ddaear yn perthyn i fyd arall.